李方膺

【"扬州八怪"中的南通人】

LI FANG YING

张松林 著

苏州大学出版社
Soochow University Press

图书在版编目（CIP）数据

李方膺 / 张松林著. — 苏州：苏州大学出版社，2017.6
（江海文化丛书 / 姜光斗主编）
ISBN 978-7-5672-1960-1

Ⅰ.①李… Ⅱ.①张… Ⅲ.①李方膺（1695—1755）-传纪 Ⅳ.①K825.72

中国版本图书馆CIP数据核字（2017）第103742号

书　　名	李方膺
著　　者	张松林
责任编辑	董　炎
出版发行	苏州大学出版社
	（苏州市十梓街1号　215006）
印　　刷	南通超力彩色印刷有限公司
开　　本	890×1240　1/32
印　　张	8
字　　数	201千
版　　次	2017年6月第1版
	2017年6月第1次印刷
书　　号	ISBN 978-7-5672-1960-1
定　　价	26.00元

苏州大学版图书若有印装错误，本社负责调换
苏州大学出版社营销部　电话：0512-65225020
苏州大学出版社网址　http://www.sudapress.com

"江海文化丛书"编辑委员会

主　任：季金虎
委　员：李明勋　姜光斗　李　炎　施景铃
　　　　沈启鹏　周建忠　徐仁祥　黄振平
　　　　顾　华　陈　亮　吴声和　陈冬梅
　　　　黄鹤群　尤世玮　王建明　陈鸿庆
　　　　沈玉成

主　　　编：姜光斗
执行副主编：尤世玮　沈玉成

"江海文化丛书"总序

李 炎

由南通市江海文化研究会编纂的"江海文化丛书"（以下简称"丛书"），从2007年启动，2010年开始分批出版，兀兀穷年，终有所获。思前想后，感慨良多。

我想，作为公开出版物，这套"丛书"面向的不仅是南通的读者，必然还会有国内其他地区甚至国外的读者。因此，简要地介绍南通市及江海文化的情况，显得十分必要，这样便于了解南通的市情及其江海文化形成的自然环境、社会条件和历史过程；同时，出版这套"丛书"的指导思想、选题原则和编写体例，一定也是广大读者所关心的，因此，介绍有关背景情况，将有助于阅读和使用这套"丛书"。

南通市位于江苏省中东部，濒江（长江）临海（黄海），三面环水，形同半岛；背靠苏北腹地，隔江与上海、苏州相望。南通以其独特的区位优势及人文特点，被列为我国最早对外开放的14个沿海港口城市之一。

南通市所处的这块冲积平原，是由于泥沙的沉积和潮汐的推动而由西北向东南逐步形成的，俗称江海平原，是一片古老而又年轻的土地。境内的海安县沙岗乡青墩新石器文化遗址告诉我们，距今5600年左右，就有先民在此生息繁衍；而境内启东市的成陆历史仅300多年，设县治不过80余年。在漫长的历史过程中，这里有沧海桑田的变化，有八方移民的杂处；有四季分明、雨水充沛的"天时"，有产盐、植棉的"地利"，更有一代代先民和谐共存、自强不息的"人和"。19世纪末20世纪初，这里成为我国实现早期现代化的重要城市。晚清状元张謇办实业、办教育、办慈善，以先进的理念规划、建设、经营城市，南通走出了一条与我国近代商埠城市和曾被列强所占据的城市迥然不同的发展道路，被誉为"中国近代第一城"。

南通于五代后周显德五年（958）筑城设州治，名通州。北宋时一度（1023—1033）改称崇州，又称崇川。辛亥革命后废州立县，称南通县。1949年2月，改县为市，市、县分治。1983年，南通地区与南通市合并，实行市管县新体制至今。目前，南通市下辖海安、如东二县，如皋、海门、启东三市，崇川、港闸、通州三区和国家级经济技术开发区；占地8 001平方公里，常住人口约770万，流动人口约100万。据国家权威部门统计，南通目前的总体实力在全国大中城市（不含台、港、澳地区）中排第26位，在全国地级市中排第8位。多年来，由于各级党委、政府的领导及全市人民的努力，南通获得了"全国文明城市"、"国家历史文化名城"、"全国综合治理先进城市"、"国家卫生城市"、"国家环保模范城市"、"国家园林城市"等称号，并有"纺织之乡"、"建筑之乡"、"教育之乡"、"体育之乡"、"长寿之乡"、"文博之乡"等美誉。

江海文化是南通市独具特色的地域文化，上下五千年，南北交融，东西结合，具有丰富的历史内涵和深邃的人文精神。同其他地域文化一样，江海文化的形成，不外乎两种主要因素，一是自然环境，二是社会结构。但她与其他地域文化不尽相同之处是：由于南通地区的成陆经过漫长的岁月和不同阶段，因此移民的构成呈现多元性和长期性；客观上又反映了文化来源的多样性以及相互交融的复杂性，因而使得江海文化成为一种动态的存在，是"变"与"不变"的复合体。"变"的表征是时间的流逝，"不变"的表征是空间的凝固；"变"是组成江海文化的各种文化"基因"融合后的发展，"不变"是原有文化"基因"的长期共存和特立独行。对这些特征，这些传统，需要全面认识，因势利导，也需要充分研究和择优继承，从而系统科学地架构起这一地域文化的体系。

正因为江海文化依存于独特的地理、自然环境，蕴含着自身的历史人文内涵，因而她总会通过一定的"载体"体现出来。按照联合国教科文组织的分类，"文化遗产"可分为四类：即自然遗产、文化遗产、自然与文化遗产、非物质文化遗产。而历史文化人物、历史文化事件、历史文化遗址、历史文化艺术等，又是这四类中常见的例证。譬如，我们说南通历代人文荟萃、名贤辈出，可以随口道出骆宾王、范仲淹、王安石、文天祥、郑板桥等历代名人在南通留下的不朽篇章和轶闻逸事；可以随即数出三国名臣吕岱，宋代大儒胡瑗，明代名医陈实功，文学大家冒襄、戏剧泰斗李渔、曲艺祖师柳敬亭，清代扬州八怪之一的李方膺等南通先贤的生平业绩；进入近代，大家对张謇、范伯子、白雅雨、韩紫石等一大批南通优秀儿女更是耳熟能详；至于说现当代的南通籍革命家、科学家、文学家、艺术家以及各行各业的优秀人才，也是不胜枚举。在他们身上，都承载着江海文化的优秀传统和人文精神。同样，历史文化的其他类型也都是认识南通和江海文化的亮点与切入口。

本着"文化为现实服务，而我们的现实是一个长久的现实，因此不能急功近利"的原则，南通市江海文化研究会在成立之初，就将"丛书"的编纂作为自身的一项重要任务。

我们试图通过对江海文化的深入研究，将其中一部分能反映江海文化特征,反映其优秀传统及人文精神的内容和成果,系统整理、编纂出版"江海文化丛书"。这套"丛书"将为南通市政治、经济、社会全面和谐发展提供有力的文化支撑,为将南通建成文化大市和强市夯实基础,同时也为"让南通走向世界,让世界了解南通"做出贡献。

"丛书"的编纂正按照纵向和横向两个方向逐步展开。

纵向——即将不同时代南通江海文化发展史上的重要遗址(迹)、重大事件、重要团体、重要人物、重要成果经过精选,确定选题,每一种写一方面具体内容,编纂成册;

横向——即从江海文化中提取物质文化或非物质文化的精华,如"地理变迁"、"自然风貌"、"特色物产"、"历代移民"、"民俗风情"、"方言俚语"、"文物名胜"、"民居建筑"、"文学艺术"等,分门别类,进行归纳,每一种写一方面的内容,形成系列。

我们力求使这套"丛书"的体例结构基本统一,行文风格大体一致,每册字数基本相当,做到图文并茂,兼有史料性、学术性和可读性。先拿出一个框架设想,通过广泛征求意见,确定选题,再通过自我推荐或选题招标,明确作者和写作要求,不刻意强调总体同时完成,而是成熟一批出版一批,经过若干年努力,基本完成"丛书"的编纂出版计划。有条件时,还可不断补充新的选题。在此基础上,最终完成《南通江海文化通史》《南通江海文化学》等系列著作。

通过编纂"丛书",我有四点较深的体会:

一是有系统深入的研究基础。我们从这套"丛书",看到了每一单项内容研究的最新成果,作者都是具有学术素养的资料收集者和研究者;以学术成果支撑"丛书"的编纂,增强了它的科学性和可信度。

二是关键在广大会员的参与。选题的确定,不能光靠研究会领导,发动会员广泛参与、双向互动至关重要。这样不仅能体现选题的多样性,而且由于作者大多出自会员,他们最清楚自己的研究成果及写作能力,充分调动其积极性,可以提高作品的质量及成书的效率。

三是离不开各个方面的支持。这包括出版经费的筹措和出版机构的运作。由于事先我们主动向上级领导汇报,向有关部门宣传,使出版"丛书"的重要性及迫切性得到认可,基本经费得到保证;与此同时,"丛书"的出版得到苏州大学出版社的支持,出版社从领导到编辑,高度重视和大力配合;印刷单位全力以赴,不厌其烦。这大大提高了出版的质量,缩短了出版周期。在此,由衷地向他们表示谢意和敬意!

四是有利于提升研究会的水平。正如有的同志所说,编纂出版"丛书",虽然有难度,很辛苦,但我们这代人不去做,再过10年、20年,就更没有人去做,就更难做了。我们活在世上,总要做些虽然难但应该做的事,总要为后人留下些有益的精神财富。在这种精神的支撑下,我深信研究会定能不辱使命,把"丛书"的编纂以及其他各项工作做得更好。

研究会的同仁嘱我在"丛书"出版之际写几句话。有感而发,写了以上想法,作为序言。

2010年9月

(作者系南通市江海文化研究会会长,"江海文化丛书"编委会主任)

目 录

引 言 …………………………………………………… 1
第一章 腹有诗书气自华 ……………………………… 7
第二章 不尽春光在眼前 ……………………………… 21
第三章 初入仕途"谈笑轻王侯" …………………… 28
第四章 从今不薄风尘吏 ……………………………… 43
第五章 画家门户终须立 ……………………………… 73
第六章 收拾春光又重来 ……………………………… 100
第七章 转从三黜任逍遥 ……………………………… 120
第八章 独以诗画荐轩辕 ……………………………… 147
尾 声 …………………………………………………… 172
附一：李方膺大事简表 ………………………………… 177
附二：管劲丞：《李方膺史料杂考六题》选二 ……… 183
附三：李方膺梅花楼诗抄、题画诗文及语录 ………… 186
后 记
　　——李方膺作品中的信息 ………………………… 231
主要参考书目 …………………………………………… 240

引 言

本书主人公李方膺（1697—1756），字仲弘，号晴江、抑园、啸尊者、衣白山人等，是清代雍正、乾隆时期的画家，"扬州八怪"之一。

清康乾时期，中国画坛上出现的扬州画派，历史上一般称作"扬州八怪"。这个画派之所以被目为"怪"，是因为他们与当时被皇家推崇的传统画派大异其趣。他们反对循规蹈矩、陈陈相因的画风，而主张以俗为美，以新鲜生动为美。"野性从来不剪裁"（顾于观语）、"偃蹇龙驹不受羁"（汪士慎语），可以说他们是一个在艺术上纵横捭阖、不拘古法，敢于离经叛道的画家群。"八怪"是个带有幽默诙谐意味的贬称，江淮一带民间口语里有"丑八怪""八脚怪"的名称，是指不合时宜而为另类的意思，同时怪又有丑的意思。其实，美与丑，在不同社会、不同阶层，标准不一，看法不一。所谓怪者，奇之义也。所谓奇者，新之义也。八怪、八怪，实际就是洗涤

李方膺自书：梅花楼主人李方膺

窠穴、传新布奇的创新画派。这是明代以来社会出现资本主义萌芽思想给文人画带来的进步思潮，绘画不再仅仅是上层人物的玩品，它从统治阶级的神秘殿堂解放出来，走向民间；由士大夫华府走向商人厅堂，走向酒楼歌场。它可以抒发作者心中不平，可以代民立言，可以为商品，走向市场。

这个画派为什么会出现在这个时期的扬州？这是有多方面原因的。

首先，扬州自古就为两淮盐商集散地。盐业税利在封建社会是国家的重要财政收入之一。唐宋时期"天下之赋，盐利居半"，元代"计每岁天下盐利，当租赋三分之一"。到了清代康乾时期，仍然是国家赋税大户。两淮盐场不仅产量特大而且质量上佳。李白就有"吴盐如花皎白雪，持盐把酒但饮之"的赞美诗句。吴盐下酒，李方膺也有这样的吟咏："沽来美酒三杯醉，萝卜青盐大蒜头。"扬州繁荣，"藏富于民"，"淮海维扬下下田，兹看扑地聚人烟"（清高宗弘历句）。盐商、徽商富了，光《三字经》《论语》已经无法满足他们了，还要有文化装点门面，还要有点字画、古玩什么的，这就必然会刺激艺术品的生产。其二，石涛从康熙十九年（1680）到扬州落脚，直到康熙四十六年去世，在扬州创作了他平生一半以上的美术作品，对扬州画派产生了巨大影响。他不仅以个人的别开生面的绘画作品和《画语录》那样充满生趣的绘画理念，带来了艺术上的新鲜空气，而且还带来了青藤、八大的影响。其三，地方官"与时俱进"的开通，特别像卢雅雨那样的地方大员不仅不反对"突破"传统的绘画风格，而且还和这批画家关系很亲密，经常聚会，这样必然起到宣传、推介的作用。其四，虽然清王朝搞文字狱越演越烈，不仅文人的诗文要查，而且到了乾隆四十四年（1705）还下令各省郡邑审查、"铲削""志书"，次年又进一步株连到民间歌谣、戏剧曲本、小说稗史，都要过堂审查。可是基本没有审查到绘画。古代的统治阶级一向认为文章乃"经国之大业，不朽之盛事"，是维护政教伦理的工具。而绘画除宋徽宗赵佶几个皇帝之外，大多认为是雕虫小技，为文人的笔墨之余。如清代顺治、康熙、雍正、乾隆四位皇帝都是爱画会画的，乾隆帝高兴起来还执刀刻印章、学东坡用朱砂画竹。康熙帝在为《御制佩文斋书画谱》作的序中，也只指出书画的作用是"用以摅适性情，泳陶清暇"。如清乾隆三十七年（1772）查办的一柱楼诗案，牵连到许多读书人和许多没有重视此案的官员。徐述夔的诗文集彻底被销毁，民间也荡然无存，难觅一页半纸。而他题在30多幅画上的菊花诗却幸免于难，留存了下来。可见那个时代当个纯画家还是相对自由和安全的。其五，外地画家如浙江金冬心、福建黄慎、安徽汪士慎、李啸村等来扬州卖画，发现"扬俗轻佻，喜新尚奇"，或作了长期逗留，或干脆定居下来，他们和本地画家会合，遂形成了一个强大的新潮画家群。以上诸因素综合存在于扬州，天时、地利、人和齐全。否则，扬州八怪画家群也很难出现在扬州的。试想，为什么不出现在天堂苏杭，不出现在南昌、建康或者安徽等地呢？皆因这些地方缺乏综合因素的氛围。

　　这个画派的活动时期，有学者（如薛锋、黄俶成教授）提出从清康熙二十一年（1682）华喦出生算起，（也有学者如丁家桐先生认为当从石涛到扬州算起，则提前2年。又如周积寅、王凤珠两位教授则提出从当今发现最早的华喦传世作品创作年代康熙四十二年算起，则推迟22年）到清嘉庆四年（1799）罗聘逝世止，历时118年。这中间被列入八怪之林的画家有十多位。这些画家不是常住扬州就是到扬州卖过画，而李方膺只有几次"路过"扬州，却也被列入八怪之林，这是因为康熙三十六年（1697），李方膺出生在南通州，通州是隶属于扬州府的。直到雍正二年（1724）南通州才改为直隶州。加之李方膺于康熙五十六年（1717）入学时便是扬州府的名额，他是扬州府的秀才。他在雍正二年画的《拳石水仙图》上还盖有"维扬李氏"的印章。同时更主要的是由于他的人品、画品和郑板桥、李复堂等相近。虽然他们个性各异，绘画风格也各自有面目，但他们有着共同的命运，不是白首功名无分，就是被诬陷落职；他们有着共同的雅俗观和审美情趣，以为笔墨迎合上层，"供人玩好"为俗，"以慰天下劳人""歌咏百姓之勤苦"为雅（郑燮语）。因而被后人列入八怪之林。

小字龙角

维扬李氏

淮南布衣

德成于忍

受孔子戒

有人称扬州八怪中的郑板桥是班头，金冬心是佛，李鱓是仙，李方膺是金刚。也有人把李鱓和李方膺合称为"二李"，或称为"大仙李""小仙李"。李方膺就有一枚"仙李"二字的印章，还有一枚"小李"二字的印章。当代学者丁家桐先生又这样概括:"八怪诸人中有三县令（按,都是出生于扬州府的）,这就是李鱓、郑板桥、李方膺。三县令其实属三派,李复堂是浪漫派,郑板桥是难得糊涂派,李方膺则是笑傲轻王侯派。"李方膺则在画上自称是淮南布衣、江左陋儒、梅花和尚、啸尊者、木头老子、桑苎翁、仆本恨人、衣白山人……他在题画诗上还说"成得狂夫便是吾"。他自呼为"狂夫"。

　　李方膺究竟是何许人也？李方膺的好友袁枚这样描写他的清狂形象,"彼顾而长,眼三角芒者",这是说他个儿高且清瘦,三角眼,目光闪闪,亮如火星。又描写他穿衣:"山人着衣好着白,衣裳也学梅花样。"又描绘他的举止:"偶遇不平鸣,手作磨刀冰。"丁有煜用了三个"最"字来概括他:"性最敏、眼最慧,而气最盛。"据记载,他还有点秃顶,"性通倪不羁,又嫉俗,善谩骂人,不避权要"。要是在酒席上触动了心中块垒,他往往"金刚怒目来献嘲"。清代通州州官这样说他,"性喜歌舞,岸然露圭角,其郁勃不平之气一寄于书画,松竹兰菊皆精,而尤长于梅竹,大幅三四丈,蟠塞夭矫,或谓为自家写生,但微笑而已"。关于他的艺术成就,在以后章节中还要分时期作介绍,这里就不细说了。说他喜歌舞,可能因他爱好音乐善歌啸而言,这主要见于他解官后寓居金陵借园后的作品中。不过,李方膺致仕后穿一身白衣,洁白如冲风傲雪的梅花,兴来对梅写照,酒酣梅下吹笛,确是一个真情外露、脾气古怪的倔强老头。与其说他性格如烈火金刚,倒不如说他的画境

李方膺诗一首

如金刚烈火。他借画抒怀,借题诗泄愤寄慨,倾吐心声,要比其他几位八怪来得更加深沉郁勃,更加张扬外露。

李方膺画像　沈启鹏绘

第一章 腹有诗书气自华

一、官二代的家世

李方膺是凭官二代的身份做了官的。在扬州八怪画家群里,虽然不少人出身书香官宦之家,可是父亲是当官的,仅有李方膺。李鱓的祖上很阔,上追第三世祖是南宋宰相李纲,第十九世祖是明嘉靖朝的宰相李春芳,可是到了二十三世李鱓的祖父李法虽然富有田产,却因改朝换代的变故没有应考,没有功名。到了其父李朱衣更未能读书。郑板桥的祖父郑湜、父亲郑立庵都是读书人,但也没有博得功名。独有李方膺的父亲李玉鋐做到了正三品的大员,虽然不在中央,但在省里分管臬司,到底可算"高干"了。

李方膺的祖上并不显赫。当李鱓说李纲是自己的先祖时,也有人恭维说李方膺的先祖是李泌。李泌是唐代中期的名相,历仕玄宗、肃宗、代宗、德宗四朝,封邺县侯,世称邺侯。李方膺高兴起来也曾戏称自己是"相门才子"。不过这些都无从考证。能考证到的李方膺的南通始祖是李元佩,据说是在明代朱元璋刚打败张士诚的时候,由江西新淦县迁来通州的。朱洪武把张士诚的部下和江南支持过张的大户人家,全部赶到今日苏北海边,罚他们当盐工。李元佩如是朱洪武派来做官的，则有可能是举家迁来，如是经商而来或是随军而来，则有可能是在通州成了家而定居下来的。这些也都无考。据清光绪《通州直隶州志》记载："按察使李玉鋐宅在州治西寺街，墓在州西运河口北小河（圩）。"南通文化界前辈邱丰先生在20世纪60年代向李氏后人了解到的情况也是如此。李方膺家的田产原在旧城东门外近郊，而李家祖茔则在旧城西北，离城18里的河口（今唐闸镇北边）。河口是通扬运河和石港盐场支运盐河的交接处的地名。河口的名称一直沿用至今。李家祖茔包括李方膺的墓，在20世纪50年代末开新河沟时挖掉了。由此推测，李元佩似乎与盐及盐民有些关系。李方膺上第六代太高祖李华和第五代太高祖李贡是比较风光的。李华（字伯华），明正德十六年（1521）任户部郎中，五品京官。李贡（字龙潭），明嘉靖三十年（1551）任建昌知府，正四品。到了上第四代高祖李敉（字养虚），曾祖父李延祥（字南园），祖父李达生（字子上），都只是诸生。

　　李方膺的父亲李玉鋐，字贡南，号但山，出生在清顺治十六年（1659）。兄弟排行第四。李玉鋐在四十七岁的时候，第四个小儿子李方膺已九岁了，他才乡试中举。这之前他已寒窗苦读，当了二十三年的秀才。古话说，君子之泽，五世而斩。意思是说富有的殷实人家，经过五世分家，每户所分得的产业也就有限了。据记载李玉鋐兄弟四个。大哥玉铉（字五齐）是诸生，二哥记载不详，三哥玉镛（字存素）是廪生。兄弟们都只能守着一份有限的田产过着半耕半读、亦儒亦农的生活。农忙时节，全家还得谋划着耕田播种、春溉秋收的农事。大概直到李玉鋐后来官做大了，家境才开始好起来。多少年后，李玉鋐想起当年的寒儒生活还深深感慨不已。身在千里之外，过年过节不能回乡，他在某年春节期间写了两首诗寄给老妻：

少时辛苦几多年,老至方图饱食眠;
十亩尽收荞麦子,春来作饭也堪怜。

十家厨灶九无烟,雨雪萧萧岁暮天;
儿妇供来粗粝饭,疗饥有术尽陶然。

诗中说到百姓在青黄不接的时节,往往炊烟不起,而自家尚有十亩薄田,荞麦虽粗粝,但还有饭吃。他的这种同情黎民疾苦又知足常乐的思想,是他日后做官不管怎么飞黄腾达都能清廉勤政的基础。

所幸李玉鋐乡试中举的第二年(康熙四十五年,1706)接着进京参加会试,又连中了进士,留在京城担任内阁中书舍人之职,从七品。清初的内阁地位很高,设大学士,参与军政机密。中书舍人相当于秘书,掌管撰拟、记载、翻译、缮写等。可以由举人考授或特赐。若以进士身份任中书舍人则地位又要高些,接近皇帝大臣的机会比较多,日后升迁的机遇也多。李玉鋐当京官四年,因母年老多病,乞养归,不久老母去世。康熙五十二年(1713)他服阕后,再度回京接受吏部铨选,这次先被发放到广东省任西宁县知县,一干六年,康熙五十八年(1719)又被调回京任户部主事,正六品;旋又升为兵部郎中,正五品。

雍正元年(1723),李玉鋐再度被外放到云南楚雄任知府。他知道,在仕途上"进难退易",自己中进士本来就很迟,好不容易做了官,现在已是六十五岁的老人,还要到边远的地方去。因此难免感慨万端:"夜郎西去是滇城,旧史曾传金马名。万叠青山何日到,六旬白发向前行……自问衰躯多健骨,且随明月听芦笙。"雍正四年(1726),李玉鋐又接到皇帝召书要他回京"述职"。他在进京的路上想着皇帝百忙中还记着他这个白发老臣,心里很是感激。他吟道:

边方直指丹霄路,御笔亲题白发臣;

耿耿寸心才智短，北辰遥望几劳神。

雍正帝在养心殿表扬他楚雄的事办得好，又提拔他到福建任通省粮储驿传道员，成为驻漳州而辖汀州、漳州和龙岩三府的高级行政长官，并赐给砚台和貂皮。他觉得这是皇帝对自己的"殊宠"和信任，自己再衰老也不能推辞。雍正六年（1728）他又奉召回京，中途回了一趟通州老家，和亲朋团聚没有几天又要继续北上。

他匆匆和亲人话别："一家骨肉尽凋零，白首相逢旧草亭。""去来漳海老如萍……此日暂离休洒泪。"

他匆匆和朋友话别："千钱醉歌情脉脉，一帆愁挂雪澌澌。弟兄不老天涯近，寄与他年花月知。"

他匆匆祭扫祖茔："他年拜奠知何处，月落荒山未忍归。"

好在这次进京，雍正帝在勤政殿又一次栽培他，褒奖他"勤慎历练，和平有操守"，当廷提升他为福建按察使，还亲切问及他带在身边的四儿李方膺情况，批举李方膺交河东总督田文镜以沿海知县用。李玉鋐深感雍正帝的知遇眷顾之恩，表示肝脑涂地在所不惜。并多次向皇帝献策，南方粮食产量高、储藏多，要如何防止霉变，边地去省会遥远，一路河滩险阻多，粮船如何运航才能保证安全……雍正帝听了很赞同他的意见。

在封建社会里，当官的能做到清正勤廉四个字，老百姓就会唤他青天。李玉鋐确是努力做到了。

有一次，李玉鋐被派到浙江和福建交界的仙霞岭当差，要把那荒山中的铜矿开采出来，人挑马拉，车装船运，一直押送到江苏来铸钱。"二月出岭行，五月望岭止。八月又吴门，十月尚吴市。"单运输一趟就要从春走到冬，经年累月，"行役何劳劳"！李玉鋐"白发虽皤皤"，但他不辞劳苦。他说"为有王事在，何敢惜马齿"。办事处处要花钱，"有钱山可铸，无钱山难移"，他宁可自己多费点神，只要把差事办好，即使自己"旅囊"羞涩，也不愿增加地方负担。他说"臣心本如水"，自己要坚守的就是这份清廉勤慎。据志书记载，李玉鋐在云南不畏土司强悍，公正地判决了土司抢占民田拖了六十年的诉讼，深孚民望。在福建任上，发现有恶人啸聚穷困无业山民为盗，酿成巨案，三年未能破获。盗贼藏匿于漳州平和县界的深山胡家村。同僚有主张进山清剿的，李玉鋐了解穷民之苦，只用兵围住山寨。自己带了几个人登山入寨，晓民于理，只要求他们交出首恶，其余一律不咎。村民都感激泪下，献首恶三人置之于法。事后，他又提出开海禁，平米价，允许无恒业百姓捕捞换米，允许大陆人去台湾兴垦的主张。经督、巡同意，报朝廷准许，解决了一部分民生问题，稳定了社会。李玉鋐主持福建臬司任上，各州府送来的犯人案卷，每一件他都要自己过目，仔细推敲疑点，决不马虎过堂。他不偏信犯人口供。他说："箠楚之下何求而不得，但以词听能保无冤狱耶！"他有诗道："坐月无声怜鬼哭，拥衾有梦见天青。"这是说他常常阅读卷牍到深更半夜，仿佛听到冤魂的呼唤，但愿冤案能大白。"绣衣一著容先瘦，铁案将成笔又停。"他知道自己手中的笔有多重，宁愿自己瘦几斤肉，也要慎之又慎。他往往"每阅招案多至丙夜，一囚未得"，常"悯然而泣"。上任不到半年，他就审结了一千多个陈年积案。李玉鋐七十六岁从福建致仕回来，"行李如始"，到家"检橐中仅得千金"，并全部用来"置义田以赡族人"。另外还发现他带回来一箱蜡烛头。原来他秉烛阅案时，常常发现冤案、错案，不免为之同情而叹息。从此发现一起冤案，救活一个人就留下一个燃剩的烛头，久而久之就积了一箱。他把这看似没有用的东西带了回来，留给子孙，教育子孙。他说："不要轻看这一箱蜡烛头，它比一箱黄金还宝贵。"

11

二、少年时代

李方膺乳名龙角。他出生的时候，家庭成员中除了父亲李玉鋐、母亲姚氏之外，还有祖母以及三个哥哥。他最小，很受宠爱。长大后他的个性自然与三个兄长有些不同。当时一家七口，守着祖传的十亩田，要按当时国家人口和土地面积平均计算，真是很少的。虽然家中有耕牛，有春房，也只是比一般租田种的佃户好些，基本温饱，聊以度岁。李家世代把读书求进看成正途，同时又把农耕看作根本。因此，半耕半读、亦儒亦农是李玉鋐的家法。李方膺有诗回忆父亲的家规说："教儿从幼怕歧途""诸孙八九开蒙学""半业农田半业儒，自来家法有规模"。李玉鋐就是希望子子孙孙牢牢记住"半业农田半业儒"的"家法"。所谓业农，就是知农学农务农，即视"农事生灵本"。所谓业儒，即读书明理，免至"歧途"。业儒当然也包括做官。不过，不是为做官而做官，而是要切记治国安邦，抓好农事生产，体恤百姓疾苦。"歧途"即指为一己之荣华富贵而钻营于官场。这是李玉鋐所不屑的。李玉鋐本人对农事就很熟悉。他没有发达时，就在家教孩子读书，同时还要督促儿子下田做农活。据记载李玉鋐在广东知县任上奉旨回京，顺道回家一趟，除了会亲友之外还下田劳作。

李方膺九岁之前，父亲李玉鋐还是个秀才。母亲可能也知书识字——李玉鋐在外做官后曾有诗寄给她。她很能干，里里外外操持着家务，农闲季节好让丈夫带着几个孩子专心读书。农事忙的时节，李方膺的三个哥哥要一边读书一边跟着父母下田做农活。李方膺还小，父亲交给他的差事除了读书之外便是放牛、送饭。"耳边犹听呼龙角，早起牵牛下绿芜。""东作提筐送饭无？"几十年后，李方膺还亲切地记得小时候祖母或母亲喊他的声音:"龙角,龙角!给哥哥他们送茶饭到东边田头去。""龙角!该起身放牛去啦!"放牛要起早,牵着牛在乡间小河边缓缓地走,让牛吃些带露水的青草。这活不苦,但不能让牛闯到农田里去啃了庄稼。

遵照父亲李玉鋐的要求,李方膺兄弟四人都是在他们八九岁的时候开蒙识字的,读《三字经》《千字文》,然后是《论语》《大学》《孟子》……大哥李方曹(字何勋,号萧斋)在康熙四十七年入学,即考上秀才。二哥李方韩(字荆州,号一识)承祧给同族,改名彩升。他聪明,入学较早。古代童生无论年纪大小都要经过县试、府试、院试三番共十多场的考试,合格被录取后才成为生员(即俗称秀才),生员按成绩被分到府州县各级庠序读书,要参加教官的月课、季考。以后还要参加学政"按临"的岁试、科试,成绩分六等,有奖励,有留级,有降级。所谓"六等黜陟法"。一等为廪膳生,简称廪生。每年可领到四两白银,叫廪饩银。当了廪生如以后某次考得太差,照样要受到留级或降级的处分。其他秀才如考得好可升级为增生、廪生。如考得太差,不仅要受到留级或降级的处分,还要挨板子。廪生中各府每年还有一个向国家最高学府国子监推荐的名额,这叫岁贡生。秀才有了这个身份就可以做官,而且被目为正途,和中举、中进士进入仕途是一样的,其余则被视为杂途。雍正元年(1723)李玉鋐升任云南楚雄知府,李方膺的二哥李彩升即以廪贡生被保举随父分发云南候选,不久被补为广西桂林府训导。到任后兴学修书院,"率诸生肄业其中"。后随军镇边,建有边功,被晋升为府同知。行将上任,雍正二年被总督高其倬请去佐理修筑楚雄城。三个月完了工,人却因为过劳成疾而病死于署中,年仅三十九岁。李彩升的诗也写得好,又擅长绘画,尤以兰竹花卉为能手。对李方膺早年学画影响较大。这里录他《滇南道中寄内》诗一首,也可见其诗歌一斑。诗云:

滇南万里一征衣,极目长途趁落晖。
二月蛮花迎客舞,数行犵鸟引雏飞。
天涯作官翻无累,梦里还家亦当归。
却恐故园小儿女,春云望断尺书稀。

诗中有景有情,很感人。李方膺的三哥李方龙(字药田),康熙五十七年(1718)入学,曾随父在福建漳州署中读书,乾隆三年(1738)中举,以双亲年老不再应试,家居以终。

李方膺性敏而好动,亦好学。小时见三个哥哥念书,他也跟着念。见二哥画画,也要跟着画几笔……开蒙后,自己有笔有墨有纸,尽可以写写画画。在他的兄长里,说不定除了画画之外,还有会弹琴、吹笛、下棋的,他也要学一点。放牛带一本书或是挟一支竹笛是极方便的事,也是挺惬意的事。可以说,李方膺少年时期生活在一个艺术环境之中。特别在绘画艺术上,对少年李方膺产生重要影响的因素,主要有三个方面。

一是家庭环境。说李方膺的二哥彩升是他的绘画启蒙老师大概不会错。彩升比李方膺大十二岁,在雍正元年(1723)才离开家。这时李方膺也二十七岁了,他的笔墨功夫也开始走向娴熟。这期间兄弟两人的切磋也是必然的。

二是社会环境。通州自宋代归属扬州府管辖之后(唐五代时属常州府),"风土与扬州并盛,号小扬州"。民风好"尚新声"。譬如昆剧兴起时,通州城里大街小巷就一片昆腔,连和尚道士也用昆腔做法事。文化活动频繁。明末清初,范凤翼、范国禄父子于城北河上丈人垞结"山茨诗社",结交海内名流如王士祯、屈大均、陈散木、曹贞吉、龚半千、陈维崧、李渔、邵潜等。稍后,清康熙、雍正时期,范国禄与杨麓、陈菊裳、童鲁人等又于城西古寺院中结"西林社",游山玩水,吟诗作画,尽日不辍。这些文人大多是能文能画的,历史上不是以诗名就是以画名。明清两代书画活动格外活跃，能书会画的文人就有四五百人之多。明末通州三家登上《明画录》，即保甸、黄希宪的花卉、山水与顾聪的墨竹。清初，通州画中高手有"黄氏四家"，黄炜、黄霖、黄燕、黄焘皆擅书能画，尤其黄霖墨梅有名，其题云"平生耐冷梅花手，怎肯逢人画牡丹"，颇见个性。稍后"三张一范"，即张研夫、张雨森、张尚祖孙三代和范箴，皆擅长山水。张雨森还被康熙帝招入宫廷任如意馆祗候（画院最高等级。下有待诏、艺学、学生等级）。接着有"三李"，即李黄、李山、李堂，长于花卉。稍后又有"三钱"，即钱球、钱莹、钱恕，亦以山水为胜场。同时姜渭的指墨，顾绪的梅，汤密、周拔师徒的墨竹等，都是名噪大江南北的。李方膺父亲的本家好友李黄、李堂父子在通州城南濠河畔建了一座休闲屋舍，称"借水园"。康熙三十七年（1698）在这里创办了"五山画社"。此时李方膺才二岁。画社中年龄最小的李堂（字心构，号草亭）已，三十四岁，比李玉鋐小六岁。李山（字一桂、号顽石）也三十五岁，其余不是四五十岁就是六七十岁了。"五山画社"前前后后活动了十五年之久，几乎是陪伴了李方膺的整个少年时代。这个画社里当时有影响的当属李方膺父辈或祖父辈的画家，有吴西庐、马药山、张研夫、保裘庵、王买山、李山、凌镜庵、陈揖石、蒋开士等。画社成立后，每月有集会，或为画会或为偕游或为诗词联吟。李堂当时属中年，他在暮年作有《感旧》诗云："雅集南园日，联吟四十年。"可见画社活动十五年改散后，联吟仍未息。当年老画家陈菊村还专住借水园中，照应料理画社事务三年之久。画社成员中不少人与李玉鋐交往甚密，常有聚会联吟活动。老画家们擅长画各门类题材的画，有山水，有人物，有花卉，有飞禽走兽，有梅兰竹菊……其风格流派又各有所专好，有学四王的，有学徐渭、陈淳的，有仿与可、东坡的，有主张师造化的……

如张研夫学范宽,笔墨师造化,吴西庐推重董源、巨然,近效王鉴。李山的山水人物颇近沈周。这些都曾给少年时期的李方膺留下较深的印象。现在我们看到南通沈寿艺术馆藏的李方膺的山水扇面,署"董北苑笔意",明显取法于董源。有记载李方膺最迟在雍正六年(1728)的《三代耕田图》中画过牛,今已失传,但他画的双鹿图,笔墨近似李山在雍正元年所临沈周的牧牛图。李方膺日后主张画"无常师",和他少年时期所见所学的丰富多样性不无关系。

李方膺《山水扇面》(沈寿纪念馆藏)

李山《骑牛图》

李方膺《双鹿图》

三是朋友。李方膺十六岁时结交了比他年长十五岁的才子丁有煜。他们两家是通家之好。丁有煜和李方膺一样都是官二代,性格也相近,恃才清狂。丁有煜的父亲丁腹松(字木公,号挺夫)原籍海门,康熙进士,授内阁中书,放为陕西扶风县令,和李玉鋐交往甚密。后来归隐通州军山下。丁有煜字丽中,号个堂、石可、幻壶。"少工写竹,竹不离个",又号个道人。他才华横溢,诗精画绝,会琴又会昆曲。"鼓盆风雨夜,操瑟贱贫人。""潜形及草木,混迹到渔樵。"他无意仕途,甘居淡泊。他说"肉食原无分""薄稼养廉耻"。他深心悒郁而侘傺,诗风郁勃而沉厚,四十岁后曾主盟通州诗坛四十多年。但他性格异秉。家中的堂屋则取名"肚疼",娶妾又纳聋哑女。家屋称"肚疼堂",通州方言里用"痛"字处一律用"疼"字,可能是他特别钟爱唐代张旭的草书《肚痛帖》,但取作堂名总为怪奇。纳聋哑女为妾倒是很同情残疾人的。他有诗言:"聋妾年三十,从余发及肩。白头将起坐,病体托周旋。客至呼樽酒,花时问月明。艰难劳汝共,喧寂两茫然。"诗中不忘聋哑女的照顾与辛劳,感激之情、同情之意溢于言表。他交游于上层,如己卯秋为奉和卢观察雅雨先生虹桥修禊韵,就认真做了一首长诗,赞扬卢雅雨"鼓吹兰亭追乐府,旌旗金谷续扬州"。他又结交下层朋友,晚年细数要好的"君子"中,不乏"扶犁"者、"运斤"者。他的内心不时处于矛盾之中,进退犹疑有如他诗中所描述的形象:"莫学笼中鸡,有翼不高飞。莫学鸿与鹄,千里不得归。"那么到底"学"哪一种呢?"背面与之谈,似有会心处"(《题画梅》)。这就是说在堂而皇之的情况下是无多少真言的,只有在知己抵掌而谈或在自个儿关门高咏的时候,肺腑里的真心话、牢骚话、不合时宜的诗句才会倾吐出来。他的思想的确有些与众不同,甚至还有"排满"情绪。如:"生既不识韩荆州,自怜无足荆州识。穷口不流公卿涎,留我破书还造物。"(《破书》)"有眼不识乾坤毒,瓦砾不毁毁珠玉。造物怜臭不怜香,满山兰蕙饱豕鹿。"(《题汤密兰竹图》)"吁嗟世路奇如此,天上白花夺朱紫。"他纵情歌颂国变后携子隐居军山、耻不食清粟的明代的通州狼山镇总兵张之斗:"白门甲第世儒冠""生逢不辰恨未死,呼儿同饿海之底。就我镇地择军山,誓死不出官之里。离念离相两浮屠,秃老双锄伐枸杞。凿得平坡望穿苍,爷儿端拜泣江水。"(《张公坡吊狼山镇汉槎》)他歌唱明末遗民、如皋才子冒襄所居水绘园里的"碧落庐",自注云:"碧落庐,巢民以祀陈定生、方密之、侯朝宗诸公。"有诗句云:"挥金尚切君亲爱,破产真成草木荒。"(《书巢民同人集后》)"挥金"是指冒辟疆与董小宛、侯朝宗与李香君、钱谦益与柳如是等才子佳人的风流韵事。"破产"则是说国破家亦破了。他深切地同情"江上遗民头尽白",虔心为"碧落庐高荐酒浆"。更有即景而直吐心声的,如"天心应忌满,此夜月羞明"(《中秋风雨》)。诗中一个"满"字,一个"明"字,一语双关,对前明的怀念与对清朝统治者的不满情绪是很了然的。他的大孙子童试中了第一名,领了"廪谷"先送爷爷尝。他激动得老泪纵横,一方面为孙子高兴,勉励他不要以此为"饱腹"而满足,要以此"养文行";一方面又"嗟予少壮时"。丁有煜少壮时如何呢?他的孙子后来还中进士、当县令。丁有煜"父、孙皆食清廷俸",他以"肚疼"二字名堂,是否也因自己在"官之里"、食清粟,而感到肚痛不安呢?还是觉得自己少壮时荒唐呢?这是我们后人的猜测分析了。他有诗集《双薇园集》《双薇园续集》和《与秋集》共七卷,在乾隆四十七年(1782)全被查禁。今北京某出版社已将其全部收入《四库禁毁书补编》第90册中。丁有煜生前,郑板桥、黄慎、李鱓、罗聘、袁枚和他都有交往,不仅推重他的诗文,而且推重他的画。袁枚说:"个老亡,江北无名士矣。"

　　丁有煜的画可谓别有一格。他擅长水墨写意,梅兰竹菊、花卉瓜果是常画题材。丁有煜在一幅墨竹图上题字曰:"如金削管,如铁铸叶。石可画竹,此为奇绝。"他的画确可用"奇绝"二字作评语的。奇在打破常规,绝在奇而不离法度。欣赏其墨竹如欣赏张旭草书。难怪郑板桥称赞他是"以书为画"。郑板桥说他的书法是"撑月横斜字",他的墨竹是

"老干新枝似断虹"……他的绘画除了向本埠前辈画家学习外,还特别喜爱徐渭的笔墨。他对徐渭的写意花卉很有研究,对画中含意领悟甚深。如对徐作"四时雪卉图",他指出"热眼哪识冻滋味,设身试之毛发战",真是一针见血地道出了徐文长的窘境和心中的苦闷。这正是师法更师心。因此他的画深得徐渭精髓。丁有煜的画不仅笔墨求新求奇,而且配上

丁有煜《墨竹图》

诗托物言志。如画蔬果题"蔬食饱吾穷"。画牡丹题"江城旱潦伤禾稼,为写回天谷雨花"。跳出牡丹富贵的俗见命题,意向贫民所关切的事,境界甚高。他喜石、藏石,"得石似得友,欢然托故交"(《得石》)。他画石求"奇态",题《两石图》曰:"尔石我石俱是石,尔肥我瘦学不得。从来皮貌不衡人,惠跖况于兄弟骨。"柳下惠与跖是兄弟,却一为高士一为盗。原来两石的品位南辕北辙,天上地下。又有诗题石曰:"局中滋味且钳口,天外青山合闭门。瘦削一支堂上坐,赤身只许着苔痕。"原来瘦石是他自己!他曾说"颠连运会践涂泥","白发从今学闭口"(《缄口》)。一肚皮不快不说也罢,石不言,最可人。因此他又以"石可"为号。他画梅立意也奇。如"一干写三花,写来只独赏。取意不在多,破尽贪夫想"。心中爱恨了然画中。更多时候他以梅自况。如他在一幅画中问:"道人为造梅花命,毕竟梅花命若何?"在另一幅梅花图中他这样说:"铁网珊瑚怀夜恐,了无绳尺束梅花。"富则夜恐盗贼,甘贫则如梅花,自由自在不受约束。这就是他追求的"梅花命"吗?要自由是要付出代价的。"拙处人不识,或以陋相加。屈曲其本性,无论花不花。"人们"以陋相

加"的时候,只有"屈曲"忍了。正话反说,越见倔强不服。这和我们所见李方膺后来题梅花有云"最爱新枝长且直,不知屈曲向春风",多么相似!

丁有煜说结识李方膺"交四十五年,秩然无紊雁序"。这是说他们两个官二代亲密如同亲兄弟,关系相续了四十五年之久。他们两人志趣相投、才智相近,年轻时又都喜欢太白、东坡的诗文,恃才傲物,性格外露。苏东坡说:"腹有诗书气自华。"丁有煜说:"十年狂态几人知。"李方膺也说:"古之狂也""成得狂夫便是吾"。李方膺不仅绘画路子受到丁有煜的影响,而且个性、思想等方面也和丁有煜很近似。

以上,我们对丁有煜做了较多介绍,不仅是因为他和李方膺的友谊长远,对李方膺的影响较大,同时还因为他的艺术成就不在诸八怪画家之下。在当时通州艺坛上,丁有煜、李方膺是一对耀眼的双星!但在丁有煜去世后十八年,即乾隆四十七年(1782),丁有煜的著作被查禁之后,再也没有人敢提到他。如同当年兴化陈国栋因栟茶徐述夔一柱楼诗案牵涉,后人不敢把他列入八怪画林一样。今天我们重论扬州画派的时候,应该给他们一席地位了。

第二章 不尽春光在眼前

一、京城入监

官二代有官二代的优越感。一类如《水浒传》中的高衙内，倚势欺人，无恶不作。一类数有家教，有理想，有抱负，出则为国为民，处则修身立德。可见官二代有优越感并非全是一回事。李方膺于康熙五十六年（1717）入学，刚二十一岁，正是青春年华、志气飞扬的年龄。他为自己构思了一幅人生蓝图："奋志为官，努力作画。"他理想中的官，决不是光读经书的书呆子。他心目中早有许多古代的能臣为榜样了，那是一些既有施政才能又能诗善画的才子，如宋璟、苏轼这样的人。清代规定，刚考上秀才的人要"入泮采芹"，即到规定的学宫读书，直到下一批新生入学才能毕业。李方膺入学后，按照教官要求读书，按期应考"四书"、经文，同时他也读《文选》、唐诗、史传之类的书，同时也画画。直到雍正元年（1723）这几年间，他有没有参加乡试？没有记载。但到雍正二年他在京城入监了。

今天我们能够看到的李方膺最早的画是雍正二年（1724）即农历甲辰年作的。共六幅册页，上面分别有题款。一张题："甲辰年客都门写。"一张题："甲辰年三月，迴楼三兄自都门归里,图尘大教。"李方膺客居京城做什么?另一张画上的落款是:"甲辰三月,同迥兄、芝兄听讲日灯下写。"这说明他是去京城听讲课的,且可能是和"迥兄、芝兄"同住一室。"听讲日"就是监生上课的日子,国子监规定博士、助教、学正、学录每月各给监生讲书一次。清代国子监学生分内班、外班,名额是有限定的。雍正时内班一百五十名,外班一百二十名。不像现代大学还有什么"旁听生"。内外班又各分六堂听讲。内班住监内,外班散处。他们在监肄业的内容是一样的,以"四书""五经"《性理》《通鉴》等书为主,其他书可以自选。同时规定每天要临晋、唐人书法数百字。每人有"日课册",十天送一次给助教批阅。监生每半月有一大课(考试),每一月有一次月课,每三个月有一次季课。清初,太学监生多有弊端,不是因"食廪浅深,挨次出贡"的原因而多成了"年力衰迈之人",就是因"捐纳"的缘故而鲜有能文之士。雍正帝接位后对此现状是很不满意的。他要求破格选用人才。雍正元年,各省曾照旧例选拔送监,次年有无调整,目前无考,但知道雍正帝后来是有正式上谕的。雍正上谕曰:太学"欲得人才,必须选拔",又说"其人果有识见才干,再访其平日品行端方,即正考未优等亦准选拔"。可能雍正二年即已试行,这时李方膺是以生员选贡的,还是为官员子弟恩荫的,总之以什么形式入监,已无考。以后各有关地方志上记载李方膺仍作诸生,只有《潜州志》上记载:"李方膺,监生。"不过他当年已经有了六年秀才的资历,又年轻富有才干,加上父亲是楚雄的太守,因此还是具备了被选拔入监的各方面条件的。据王道成《科举史话》介绍,学生坐监期满,"虽然要在乡试录取之后才能成为举人,这一点和生员一样,但是他们却可以通过其他考选途径进入官场任职,其身份已和府、州、县学的廪、增、附生不同。因而他们和举人一样"。这样分析,日后李方膺在福建被选为"贤良方正"是有基础的,不久又被雍正帝派往山东做知县,完全是顺理成章的事,且为"正途"入仕。

李方膺在太学期间,一方面为以后当官而勤奋读书。他为表示对孔孟的崇敬,连名字也改为"方邹"。方者,效也,学也;邹者,孟子故里也。有人说方邹疑为李方膺初名,也有道理,他的两个堂兄名用齐、燕,长兄名用曹,二兄名用韩,都是春秋时期地名。邹也是。他也晓得自己的个性太直憨,有时还不拘礼法,这些都是当官所忌的,因而专门刻了两方印:"学礼人""德成于忍",用来时时戒勉自己。年轻人读书之余精力过剩,不忘作诗、画画,也是当时太学里提倡的,被看作展示才艺的表现。我们看李方膺在"都门"作的画,只有两色,一个是墨,一个是朱砂。这可以看出是在日课完成后,利用砚中尚有的剩墨和朱砂创作的。他画"雁来红叶"全用朱砂,深浅向背,偃仰翻转,表现形象很丰富。题诗也说是用"研池久弃胭脂水"来画画的。胭脂即指改稿用的朱砂。题款的字也中规中矩,完全符合晋、唐风范。有颜体的正大气象,有王献之小楷《洛神赋》的天机自然和虞世南小楷《破邪论序》的内蕴刚柔风格。不像他后期融进欧阳询和米体,显得那样筋骨外露。这些和他此刻一心向往官场

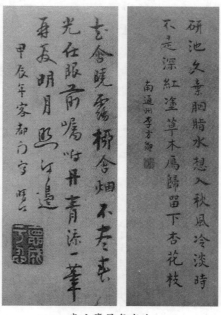

李方膺早年书法

而为赶考写卷作准备有密切的关系。他到京城眼界也开了，此时他的画以学陈淳为主。六幅画中，画梅大概吸收了通州前辈画家的笔墨技法，颇有疏、淡、古、峭的趣味。乾隆二十年（1755），李方膺在梅花长卷上题长款，有曰："予性爱梅……苦心于斯三十年矣。"推算起来，雍正二年（1724）正是他知梅识梅而画梅的开始。其余几幅都是陈道复的做派，疏斜历乱，清淡爽利。他自己也署"仿陈道复笔意"，只是还有些生涩。他在画上题的诗也可以看出他的功力和心境。他在梅花图上题诗送迥兄归里，诗曰：

　　此去江南多少路，借诗题画惜离群；
　　相思一夜梅花发，忽到窗前疑是君。

情感真挚。所"借"诗句即后两句，是唐代诗人卢仝一首比较冷僻的诗《有所思》中的佳句。李方膺用得十分妥帖。此画此诗也可以看出他对梅花早已钟情。他在一幅画着桃花柳枝的画上题道：

　　桃含晓雾柳含烟，不尽春光在眼前。
　　嘱咐丹青添一笔，再教明月照汀边。

三月天气阳和，春光明媚。李方膺年方二十八，虽然没有中举，但已入监，这离做官又近了一步。好个"不尽春光在眼前"。不难想象，李方膺的眼前何止是一派桃红柳绿，他的心中不也是充满无尽春光了吗！这首诗写出了他当时的心情和希望。

二、福建入幕

雍正二年（1724）十月，李方膺二哥病死于云南楚雄署中。这之后李方膺有没有参加秋闱，也无考。雍正四年（1726），六十八岁的李玉鋐奉命从云南楚雄向北奔赴京城谒帝，特简为福建通省粮储驿传道员。接着他又要千里迢迢向南行。这次，李玉鋐顺道回家，决定带上李方膺一齐去福建，一来有个亲人在身边，以释对二子彩升的思念；二来也想让方膺做做帮手，历练历练。李玉鋐驻漳州署。李方膺初到，一方面熟悉环境和业务，帮父亲处理一些杂务，一方面在署中刻苦攻读，认真画画。

入乡问俗。李方膺所崇拜的历史上咏梅、画梅的忠良能臣之一伯纪，即南宋首任丞相李纲，就是福建邵武人。或说李纲的《梅花赋》多受唐代宋璟《梅花赋》的影响，且不论然否，但两位不同时代的名相，同样"贞心不改"，有如梅花高洁，正是李方膺所景仰的。李纲以梅自喻，并举松竹兰菊为"四友"，还为四友取字，称松曰"岁寒"，称竹曰"虚心"，称兰曰"幽芳"，称菊曰"粲华"。李方膺很喜爱李纲的赋，此后常常访求他留在人间的梅花图画。南宋时还有一位半人半仙、咏梅、画梅的高手白玉蟾，本名葛长庚，字如晦，号海琼子，也是福建闽清人。李方膺可能在福建读到他的《海琼集》，或看到他的一些梅、兰图画。白玉蟾有咏早梅诗句曰："南枝才放两三花，雪里吟香弄粉些。"颇得天然趣味。李方膺对他所画兰花分外欣赏，以为兰叶当风，姿态俊美，十分传神。尤其读到画上的题诗，有句曰："画史从来不画风，我于难处夺天工。"李方膺更是佩服之极，连呼："大胆！大胆！"从此铭记不忘，以后他自己题画还化用了这两句诗。

李方膺在雍正十三年（1735）有诗云："十载匆匆匆薄宦游"，算起来当在雍正四年（1726）他就正式"宦游"从政了。大概李方膺入闽不久即加入了"公务员"的行列。后来又被延建邵道魏壮看中，或聘为幕属。福建有八闽之称，山多，水多，路难行。清代在福建所设高级行政长官道员，往往名义"通省"管辖，实际分片管辖。即如其总督也然。如雍正五年（1728）派郝玉麟领浙闽总督，实专辖福建，而雍正帝又派李卫单独总督浙江。雍正十二年（1734）又省去浙督，福、浙又合二为一。这种合合分分的情况，在康熙时期也曾有过。福建道员分片管辖，如兴泉永道专辖兴化府、泉州府和永春州，驻厦门。李玉鋐所领汀漳龙道，辖区在福建省东南九龙江流域。驻漳州，专辖汀州府、漳州府和龙岩州共二十个县。魏壮所领延建邵道，驻延平，专辖延平府、建宁府、邵武府共十六个县。辖区在福建西部，由富屯溪流经邵武，再东去汇入闽江入海。道员所管事务颇多，盐、水、漕、渔、关务、驿传，等等。李方膺办差很出力，又会动脑筋，竭诚献计建言，魏壮对他的爽直性格和办事能力很赏识。清代中央的六部之一工部，不下设专管水利的官员，水利事务一般交督、抚、道员领办。也可能魏壮就是个像北宋时受到王安石器重的郏亶、郏侨一样的人物，长于治水。李方膺又能虚心学习，同时把自己在通州种田排涝抗旱的本事使了出来，或解决了当地一些问题，让魏壮很满意。

当其时，又恰逢雍正帝主张大力起用新人之际。雍正五年（1727）十二月初六日，还发出特谕，外官自知府、道员、学政以上官员"皆令举一人"……要求其奏折内写明本人官衔、姓名，注明所荐之人官衔、考语。不论所荐之人"系现任职官，或系候补、候选之人，或系进士、举人、贡、监、生员，或系山林隐逸，务期有为有守，品行才具，足备国家之用者"。雍正帝这一"中央文件"在福建得到"传达、贯彻"大概是次年的事了。明清两代举贤良方正，一由地方大员举擢称"辟"，一由中央诏召称"征"。魏壮看中了李方膺直言极谏的忠良品性，于是在雍正六年保举他为贤良方正。

历史上凡征辟贤良方正或孝廉方正，都被视为特设之制科，同是做官的正途。应举者表现特殊优秀即授予官职。李玉鋐对儿子的进步看在眼里，但心里也清楚，若没有机遇，有的人也只能终老是个贤良或孝廉。他想到自己的仕途经历的艰辛,眼下已是七十岁的人了,不知什么时候也要告老还乡。他循循教育方膺,人生得志与否都要务守本分。他想到当年在家当秀才种田的日子,希望李方膺时刻不要忘记"农为本"的安身立命的家训。李方膺听着父亲的回忆和教诲点头称是。于是,他遵照父亲之叮嘱,在漳州署中乘暇画了一张《三代耕田图》,以志不忘家教。图中画着一位老者策杖立于田间指点,田间有一青年正扶犁耕田,远处树下,有一小孩牵一头小牛缓缓而行。十七年后,李方膺披览是图,注明道:图中所画三人乃"先大人课耕,膺则耕者,牧牛童子则儿子霞也"。

第三章 初入仕途"谈笑轻王侯"

一、随父晋京

前面说过,雍正六年(1728)冬,李玉鋐曾接到皇帝召见的上谕。清代皇帝召见地方官员是一种惯例。吏部考核政绩优良者,皇帝即可随时召见。这样有利于直接考察官员,也有利于笼络大臣。李玉鋐在道员任上三年不到又被召见了。从福建到京城来回一趟要数月时间。李玉鋐即刻带了李方膺匆匆北上晋京。这次带李方膺同行,是李玉鋐的意思呢,还是吏部另有通知呢?不过被推荐为贤良方正的人是要经过中央批准、备案,而后才可以候选的。《莒州志》称李方膺是"以荐辟引见,天子奇其才"。这是有可能的。当下,父子俩途中顺道回了一趟通州,与亲朋好友盘桓了几天。然后父子俩又匆匆辞别亲朋,渡江北上。

雍正帝对李玉鋐可谓有知遇之恩。李玉鋐到京城先要到吏部报到,雍正帝自然事先知道他携子前来的情况。在勤政殿上,雍正帝先问到他在福建办差的情况以及福建官员的一些情况,李都照实一一作了回答。雍正帝很满意,当廷肯定了他的政绩,褒奖他"勤慎历练,和平有操守",当廷不仅赏赐"宝研""丰貂",而且提升他为贵州省按察使。在离京前又改为福建省按察使。"圣颜春日霁,天语父言亲。"李玉鋐这样描述雍正帝和他谈话时的和蔼表情及温厚语言,也可见雍正帝对他的宠信以及他心里的感恩之情。雍正帝还问他:这次有人举卿的儿子为贤良方正,儿子带来候选了吗?李玉鋐回答:四子李方膺随同来京,并候在朝门外。雍正帝吩咐:宣上来让朕看看。又问李玉鋐:四子李方膺现在何处任职?能当官吗?回答道:现在还是生员,只在臣子署中做些帮手。此子性子憨直,不会当官。李玉鋐回答得很得体,自己说话先退一步,皇帝表示对臣子关顾的话正好让雍正帝亲口说出来。雍正帝笑道:不会当官,谁天生就会当官呀!女子还要先学会生孩子才嫁人不成呀?朕要的不就是能够直言极谏、说真话的贤良之人吗!

　　大概雍正帝看到李方膺的推荐评语上,介绍他在水利方面有些见识,召见时对答也称旨,因此,当即让吏部发给河东总督田文镜,以沿海知县任用,并具体指使安排到孔孟故乡山东去。李方膺第一次觐见雍正帝,又被录用为知县,正式从政。自己从二十一岁起,孜孜追求的梦想一下子成了真,自然激动得很。父子拜谢了雍正帝,出了紫禁城,他也不知说什么好。路上只有唯唯听着父亲的指点和教诲。李玉鋐更是感激皇帝的知遇之恩,尤其是他最寄希望的四子,也是最为担心的四子,这回皇帝亲口批准他进入"圣贤津",登上了士大夫的船。一回到住处,他就写下了两首发自内心的感恩诗。其第二首曰:

　　　　拜辞归海国,东图捧黄纶。
　　　　帝眷垂边吏,天恩及后人。
　　　　分符邹鲁地,入政圣贤津。
　　　　努力勤民瘼,焚香答紫宸。

　　这最后两句,正是李方膺父子二人对雍正帝要表示的忠心。

二、乐安县令

李方膺要单独挑担子,父亲还是有些不放心。好在为政之道,李玉鋐正是从知县做起的。他积几十年的经验体会,叮嘱李方膺务政要切记"精、勤、清、廉"四字。精心、勤敏、清正、廉明。为君之政,就要关心民瘼,体察生民之苦。民以食为天,要勤于劝农。李方膺也表示到了新的地方要多听下僚意愿,多听父老心声。父子俩出了京城,行不多时便到了河北省涿州地界。这里的官车一路去河南,一路去山东。李方膺要先去河南开封拜见河东总督田文镜,李玉鋐要经山东继续南下去福建。父子分手时,李方膺想到父亲对自己的关顾,父亲如今已是古稀之龄的人了,还要不停地换乘车马舟船,一路风尘仆仆地向南行几千里路,才能到达福建,李方膺心里很有些不忍。他先送父亲上车,要父亲一路多加保重。李玉鋐也反复吩咐儿子要注意身体,处处多加谨慎。李方膺望着父亲高大瘦削的背影爬上车,在寒风中渐渐远去,禁不住泪流满面。

田文镜是雍正帝最为宠信的人,办事很得力,但对下属严苛也是有名的。他所领河东总督一职,专辖山东、河南两省。这里地处黄河下游,山洪又多,水患频仍,雍正帝还交予他治理河道的使命。田文镜了解到李方膺懂得一些水利上的事,还知道他读过宋代治水专家如单锷所著的书,郏亶、郏侨父子所著的三吴水利方面的书等,就派他到山东靠近渤海湾的乐安县任知县。古之乐安即今之广饶县境内。

传说,李方膺刚刚上任,就遇到一个棘手的案子。某庙的和尚上堂来告状,说某京官翰林回乡盖房宅侵占了他的庙产。李方膺访得属实,仍旧不动声色,装着上门拜访、道贺去。某翰林见新任父母官上门来,觉得是给他面子,因而甚欢。交谈中得知李方膺善写会画，就请他留下墨宝。李方膺欣然同意，略思片刻，当厅写下一副对子："学士家移和尚庙，翰林妻卧老僧房。"翰林见了自知理亏没趣，从而改变了初衷。（注：据丁家桐《扬州八怪》）旧志书上说他"遇事明达，多智略。有以疑难质者，辄迎刃解"，看此案例，果然如此。其实李方膺的能干还不在这里，看他上任不久写出来的一本《民瘼要览》和他所办的几件事，就足以说明他的从政才干。

李方膺《蔬菜册页》

李方膺《冻枣红柿图》

李方膺一上任，就上上下下地了解当地风土、政教、民情。每天晚间阅宗卷，白天有事议事，没事就微服私访去了。百姓衣食无小事，小到百姓烧的柴火他都管。他年轻时种过地，懂得无田的佃农之苦。乐安多荒丘石砾地，只能长茅草。他作出规定，划分长草的荒地给每户佃农，免去他们修屋顶、烧饭要买柴草之累。春荒时节，如有剩余柴草，还可以挑去市面换几文铜钱，买点粮米回去。他了解到农民把自家地里的几棵菜挑去市上换几个钱，或是把自家房前屋后长的枣子打上一篮，提上街来卖几个铜板，往往被办公的看见后就要卡住收税金，弄得百姓买油盐的小钱都没有。他规定，公差管市不准滥征税。几年后，他有两首题画诗，从中即可看出蓄于他心中的情怀。一首《题菜》:"菜把甘肥色更鲜,劝农曾见口流涎。从来不到街头卖,怕得官衙索税钱。"一首《题柿枣》:"冻枣垂垂映柿红,来年买米做农工。只愁县吏催科急,贱卖青钱到手空。"诗句明白如话,他的感情也鲜明清晰。能体察农民贫苦的县官,还有一位就是郑板桥。他在《家书》中吩咐家人,冬天有佃农上门来交租子,要烧碗热粸子粥给他们暖和暖和。不过李家土地远没有郑家多,但感情是相近的。

他了解到乐安社会上有一股暗流势力,明里搞什么"换帖子"把戏,暗里则是结党成奸,欺行霸市,鱼肉百姓,为所欲为。他严令取缔革除。为了加强教化,改善风气,他提出整修二贤墓。一贤是西汉"深得民吏信爱"的御史大夫儿宽。儿宽为地方官温良廉洁,治理有方,处处宽民、让民,人民安居乐业。一次因负课税最多,朝廷要免他的职。老百姓知道了,"大家牛车、小家担负"地自愿送来,结果"所输租反为最多,帝于是重之"。李方膺树儿宽的目的是要官恤民、民信官。李方膺树的另一个贤人是妇孺皆知的农民董永。据说,董永就出生在邻县大埠山下周村一带,"卖身葬父"的故事流传千年,大孝。李方膺树了一个士大夫、一个贫雇农民,用心确实良苦。据说,他还让当地各村各庄的土地庙都供奉这两位贤人,这就让家家户户都晓得"二贤"为何人,从而敬重之,真是一种有效的"施教传道"手法。

他上任最关心的是农事。他了解到影响当地农事的最大忧患是水灾,并大致摸清了水灾易发的原委。原来那里的主流河道有两条,一条是以济南诸泉水为补充水源的小清河,全长近三百里;一条是发源于鲁山北麓的淄水。两水汇合后一齐向北入海。地势南高北低,其余山间河道都源短水急,也纷纷汇入这两条主河道入海。乐安县地处最下游。夏季山洪暴发时,上游水压下来,直挤往这两条主河道,下游河床溢满，冲决河堤，淹没良田、村庄，往往水患不断。以后经朝廷批准，他带人经过多次勘查，为河流所经七县分别制订出改造方案。还在雍正十二年（1734）在淄水上加固堤坝，开挖、疏浚修成一条福民河，为乐安县消除了水灾。这件事在封建社会可是一件大工程，一个小小知县能办成是不容易的。下一节我们再作详细介绍。

　　以上所说诸问题，李方膺都写在《民瘼要览》一书里。除此之外，他又了解到乐安县志已年久失修，就自己承担起搜集资料和执笔撰写的重任。他到各乡镇一边劝农，了解民情，一边带着纸笔，搜集方志材料，同时召集乡绅文士，请他们提供地方掌故、历史资料。终于在雍正十一年（1733）完成了一部二十卷的新《乐安县志》。方志评论家瞿宣颖评"雍正山东乐安县志"曰："本书卷十九有《外徙》一篇，记明代县人'外徙'者五姓，此实独创之例，精识过于恒人。"评语不多，但精当中的。其实有"独创"性的又何止这一件事呢？李方膺上任伊始所办几件事，不都有独创性吗！

　　雍正八年（1730）夏季到来，齐鲁大地阴云塞空，大雨滂沱。一连数天如银河漏了底一般。泰、鲁、沂、蒙诸大山洪水暴发，直冲川流沟壑。泰山、鲁山北麓的川流沟壑注满，又直冲小清河、淄水而来。淄水下游承受不了压力，决堤了！溃岸了！大片大片的庄稼被洪水吞没了，一个村庄连一个村庄地被大水所淹。小的地方，方圆几里路一片泽国；大的地方，放眼几十里只见树顶露在水面。百姓的草棚子漂了起来，人爬到树上，逃到未坍的大堤上……也不知道淹死了多少人，多少牲畜。据《清史稿》记载，上年"山东水灾，河南亦被水。上命蠲免钱粮"。今年百姓刚刚安定，新的水灾又发生了。

　　水灾一暴发，李方膺就带人下去看水情。他让有船的大户人家用船、用大木盆赶紧救人。他接连跑了几处重灾地方,看到逃出来的人一堆一堆地蹲在堤坝、高墩上,大人小孩哭声一片。没有被大水泡成泽国的村庄也遭殃了,良田都浸在大水中。李方膺描述道,山洪"泛溢横流","或牵连数十里,或牵连五六里"。"千顷良田尽沉水底,万家村落并作沙墟。""田庐飘荡淹没,灾黎流离失所。"老百姓住什么、吃什么?想到此,他当即汇总灾情,写了火急呈文,向青州府禀报,并请马上开仓赈灾。他一边送出呈文,一边招募民工上堤抢堵缺口。呈文送出,李方膺焦急地等了一天又一天,眼看回文不到,又要饿死人了!他当机立断,决定开仓,赈济灾民,同时书告灾民以工换粮。号召青壮上河堤,挑土固堤,抢修曲堤,以挡更大山洪。可是按照清律规定,县官是无权动用国库粮食的。需要时必须先层层上报申请,否则擅自开仓是要遭到参劾的,轻则罚赔库粮,重则撤职坐牢。下属官吏听说李方膺不等回文就要擅自开仓放粮,都很紧张。有的劝说是否再等两天。李方膺说,某闻致政之首,惟在安民。安民之道,察其疾苦。诸位都看到水势汹汹,灾民嗷嗷。但要这样等着一层层报上去,再一级级批下来,还要等待多少时日?百姓岂不要尽化为鱼虾!再说溃堤几十里,亟待抢险修复,怎么能拖延?读书人焉能不知汉代汲黯故事!发官粟赈灾即在此时也。李方膺说的汲黯故事载于《史记》《汉书》,是指汉武帝即位后,派汲黯视察河内失火的事。结果他回来汇报道:"家人失火,屋比延烧,不足忧也。臣过河南,河南贫人伤水旱万余家,或父子相食。臣谨以便宜,持节发河南仓粟,以赈贫民。臣请归节,伏矫制之罪。"李方膺说,救黎民于水深火热,十万火急。我一人甘愿伏矫制之罪。于是,他做主动用了一千二百石国库储粮,广设粥厂,救活无数灾民;以工代赈,能上河堤的人都自愿来了,及时抢修好堤坝,控制住了灾情。

可是,青州府知府陆续接到小清河沿线多县的灾情报告,还不等他向上报,又听到李方膺竟然擅自开仓赈民的事,十分恼怒,也十分惊慌。一来,认为小小知县,违反了大清国律,还自比汲黯,胆子何其大也。二来,他们深知总督大人田文镜的严苛,下属办事如被发觉"小忤意",则有可能被"劾罢"。李方膺这件事如上报不及时,说不定上面一震怒,还会丢掉自己头上的乌纱帽。因此,青州府知府赶紧给李方膺上了一道弹劾,星夜发往开封。不料田文镜看了灾情报告,又看了青州府知府参劾李方膺的文书,只沉吟道,李方膺为今圣上办差,情急之下自比汲黯,当机立断,担起责任。如今办好了差,为今圣上取得了民心,有何不当?田文镜虽是读书人,可他没有经过乡试、会试入仕,而是由监生当县丞起家的。他凭真才实干,做到封疆大吏,平日里是很有些看不起只懂读死书,弄几段八股的人的。他对李方膺青眼相看,一来可能他也看到灾情的严重性,李方膺确实控制住了水灾的蔓延局势;二来也可能觉得李方膺是雍正帝送来的人,刚来一年多就整他一下,岂不是不给皇帝面子?他说,李方膺读《史记》《汉书》,倒能知道贤臣大义。遇到急事能为君分忧。我看他有出息。汉武帝对汲黯也是"贤而释之"的……

　　不久灾情报告送到雍正帝案前,雍正谕示:"蠲免"地方钱粮课税,着急修理小清河。并且准许将"灾区抚恤一月"的办法,由此定为国家今后赈灾的定规。这无疑又给了李方膺一个鼓舞。

　　次年春天,青黄不接。灾后百姓家无隔夜粮,市面粮价又飞涨。百姓买不起粮,只能靠挖野草、啃树皮来填饱肚皮,有的干脆挟根棍子流亡外乡乞讨去了。府库里还藏有二十万石粮食,限于陈规旧律只能封存,不准动用。李方膺又呈文青州府,要求发仓粮,抛向市场,平抑粮价。日后收回银两,再去南方购粮入库。他这一次的举措很快见到效果,粮价跌平,社会安定,百姓度过了最困难的春荒。从此"乡曲细民,则戴之若父母焉"。

三、一条福民河

水灾一过去,山东巡抚岳浚便着手落实雍正帝关于兴修小清河的谕旨。清代巡抚位置仅次于总督,是一省的最高行政长官。他组建了一个小清河查勘小组,委派李方膺以乐安知县身份负责启成。成员不单纯是小清河流域有关县份的。除了乐安县典史张廷相、邻县博兴典史朱鸣岐之外,还有一位是曹县的县丞孔毓佩。乐安在山东省北边,曹县却在山东省西南角,是当年黄河所经过的地方。当年的黄河走的还是"故道",不是今日由河南向北,走山东菏泽,再向北经平阴、长清,历小清河西边的滨州、利津,最后注入渤海,而是出河南后,经山东曹县、单县南端,入江苏徐州,横跨苏北注入黄海。可能岳大中丞考虑到全省的水利问题,要求以小清河为主,同时把山东水利一并做一调查。从李方膺在雍正九年(1731)所作《登任城酒楼放歌》中的意思看,也符合此意。那次虽然是来喝酒的,但像是顺道上的太白楼,实际公务是为水情而来,为水情而去。如云:"驱车往任城,言登太白楼……楼头不可留,拂衣又上黄河舟。"上黄河舟,查水况是也。旧黄河连通南阳湖、昭阳湖、微山湖三湖之水。任城即今之济宁,在南阳湖边。这首诗全篇如下:

驱车往任城,言登太白楼。骑鲸仙人不复返,楼头风物空高秋。我有一壶酒,酒董置楼头。安得与君同剧饮,酒尽还典紫绮裘。意气凌海岱,谈笑轻王侯。褰裳南池上,濯足济水流。临风折简招巢父,与君一唱还一酬。惜哉黄河水汩汩,搴茭未得纾民忧。壶中虽有酒,楼头不可留,拂衣又上黄河舟。

任城太白酒楼很有名气。据梁绍壬《两般秋雨庵随笔》记载,那酒楼当年文人墨客题咏很多。这回李方膺大概也来了诗兴。他受命查勘山东河道的重任可谓踌躇满志。也许李方膺觉得田文镜对他比较赏识,格外志高气扬。李方膺此刻登太白楼想到李白,李太白不复重来,楼头秋高云淡,他李方膺来了。"安得与君同剧饮,酒尽还典紫绮裘。"豪情万丈,不减谪仙人。酒后放诞更似李太白,"意气凌海岱,谈笑轻王侯"。此刻,李方膺忘了自己的身份,他与王侯不是同在一条"圣贤津"上吗!怎么能轻视王侯呢?可是憨劲来了,说"王侯"算什么!也许几位相知在酒楼喝酒,有人提起李方膺开仓赈灾被参劾的事。他又气不打一处来了。"谈笑轻王侯","王侯"或指的是青州知府那类人,只懂写几篇八股文而尸位素守,而不是指田文镜和自己这一类人,可是诗句是无法说得清楚、分得明白的。然而诗中云"搴荛未得纾民忧",可是眼前景呵!分明说"王侯"大爷治了那么多年的河道,只知道动员百姓在黄河边上栽茭白、长芦苇,越长越糟,河床淤积越来越高,黄河水依旧汩汩泛滥啊!他的狂劲一上来就会得罪人。那些奉命治黄的大员,那些进士出身的官员,如若看到听到了这些诗句,又会作如何想呢?李方膺在他的《小清河议》里还直接点名批评了两个人。他说"康熙二十五年张抚宪"主张在小清河上开沟建闸,后来"适张抚宪内升"未办成事。李方膺则说他不但无功,因其未曾开沟即先行建闸,洪水仍无法排泄,主张实在是错误的。另一位是"康熙五十七年的李抚宪",他指名说李元伟弄虚作假,瞒上欺下,实是犯"罪也"。这些前辈要是有的还在朝中,小小七品李方膺还要前途吗?这些话是他可以说的吗?古人云:"吏行冰上,人在镜中。"人在仕途,可要倍加小心哩。可是此时谁能约束他,谁能教他只管埋头做好自己的事,不要去指斥前人呢?此刻他把李玉鋐的叮嘱忘掉了一半,也把"学礼人"的自警语忘到脑后去了。然而,不然又怎么是李方膺的性格呢!诗中一个"典紫绮裘"已够狂了。隋制,官员三、四品衣紫、五品衣朱、六品以下衣绿、胥吏衣青、商人衣黑。李方膺说三品、四品,不如我手中一杯酒!二来"轻王侯",可

初入仕途『谈笑轻王侯』

把王公大员看成一抔土了。再三还要"招巢父",要和誓不为官的古隐士巢父、许由同游。也许浪漫的诗就是说酒话,做人作诗不是一回事。做人要真,要实在,做文要點,要想象。李方膺懂得诗中三昧,却忘了做官三昧。

李方膺的憨劲就是不撞南墙不回头,既然让我治水,我一定要看准病由,抓准药方,搞出点名堂。他自上任以来,这几年里几乎没有留下什么绘画作品,好像一门心思钻在政务里,钻在水利上,一直没有工夫作画似的。也许他就是这样想的,早年立志"奋力为官",既然做了官,就得先把官当好。

李方膺在小清河上上下下做了详细查勘。他说:"上自发源之长白山,下至海口,其中湖泊、支河以及被患村庄,凡亲身经其地。水泓之浅深,河面之宽窄,悉为丈量。七县之要害,通局之蓄泄,详为相度。"治河的调查研究工作做得很细,可是雍正十年(1732)河东总督变更,新任王士俊不通水利,只喜言垦,加上在雍正十年之后,李方膺自己辖县的调动,因此即使念念不忘小清河,他的宏图大略终究很难实现。不过他在雍正十二年(1734)重返乐安任知县时,可能雍正有令,同时又得到山东巡抚和朝中大臣朱轼的支持,李方膺还是办成了一件大事。那就是发动全县百姓,筑了一条"以庸淄水"的曲堤,开挖了一条全长五十六里有奇"以杀济流(即小清河)"的福民河。

工程开工之前,十分慎重。因"工程浩大,不敢轻举妄行","遍访里民,反复商酌",并对河身反复作了详细查勘,认真调查了两岸村民对开河的态度。"凡洼内有地之家不能耕种,愿开此河以泄积水者,共三十四庄。""斥卤之场居民,常苦水咸,掘井难饮,愿开此河可以得甜水,可以灌溉不毛……共计二十九庄。""已往之地现已浸水中,现在之地恐亦不保,愿开此河以永杜水患者,共二十一庄。""愿开此河以分水势,而不致漫溢者,共计三十五庄。""愿开此河者一百一十庄，各庄共五千八百四户"，一致认识到乐安"为七邑之下游，自新桥至淄河门，乃全河之扼要，必极深宽。下游有所归，则上游有所杀"。"此河不开，则水患不除。虽补塞隙漏，终非正本清源之策"，只有开了此河，才能确保"县县相承，流通不滞，上下无害"，最后达到"上下均利"的效益。于是"除鳏寡孤独概免挑河外，各家挑河十八尺……诚属众擎易举，一劳永逸"。福民河从雍正十二年（1734）十月初一日开工，至十一月初十日告成。"从此六百里内，其章邱、邹平、高苑及长山、新城迤西之水……至乐安会小清河入海。则西南之水有所归，而小清河北之水患可除矣。""其淄川、临淄及益都迤西，长山、新城、博兴、高苑迤东之水……径乐安之石村三里庄，从福民河由龙门口入海，则南之水有所归，而小清河南之水患可除矣。"从此，不特乐安境内，以及各县"有粮之田，可以播种"，即使"积水废潴"之地，亦"皆可经理"。地方官吏兴办大工程，不能光为自己树政绩，更要深合民意。李方膺在乐安县南筑曲堤，挡住了淄水泛滥。北开浚福民河，以疏小清河之水，从此乐安消除了水患。李方膺为百姓谋得了大益，百姓自然拥戴他。福民河是一条名副其实的"造福于民"的河。

乾隆三年（1738），皇帝又发话，要继续兴修水利。李方膺又受山东新任巡抚法敏之命，带人往来于小清河及相关河干，进行复勘，前前后后，首尾达五年之久。

四、一部《山东水利管窥略》

李方膺把多年在山东实地调查的水利资料，加以研究、整理，写成了《山东水利管窥略》一书，凡四卷，共十四篇。乾隆五年（1740），在他丁父艰期间山东省府把它刊印成书。这是李方膺多年奔波于小清河上下游，用心血写成的书。李方膺说:"汇成一书,以备参考。有识者幸原其谫陋,鉴兹微忱焉。"是年全书刊行,以后还被载入清《山东省志》。其侄曾孙李琪说:"使读是书者,祖其遗法,踵而行之,其比于宋单锷之水利书,而为明周氏忱、夏氏原吉之所取则,则公之志亦可以不没也夫。"用今天的眼光看,这就是一篇材料详尽、分析透彻、措辞严谨、切合实际应用的科学论文。当然不是那些无病呻吟的八股文可以企及的!

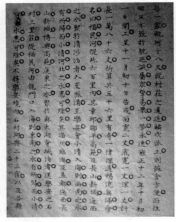

李方膺著《山东水利管窥略》影印书页

《山东水利管窥略》卷之一《小清河议》,主要解剖小清河。开宗明义曰:"小清河,古济水也","横亘七邑。南面之山譬则屋之脊也。山下诸水譬则屋上瓦陇间之水也。小清河譬则檐前横盛滴水之筒槽也"。文中对其主流、支流,地形、地貌、河形、水况,源头、流尾,河深、河宽等,记载十分翔实,皆缘于查勘得十分仔细。文中明确指出其水患症结在于"高苑县之军张港迤东,至博兴之湾头庄,淤塞四十六里。俗呼干(乾)河。是(使)六百余里河身截为两节"。因而大河上下不通,上游"日受排山之水,而下无一沟一洫之去路"。"以致各县境内,今年而成一湖,明年即又多一泊。"

"推原本末,皆上半截之水无所归也",而下游又有众多支河注入主河干。大雨山洪倾泻而来,主河干道本来又浅又狭,"新桥以下为七县全河之门户而极浅,(且)愈淤愈高","欲其不泛溢横流岂可得乎"?加之上游虽地势居高,但"山水暴汛,沿河两堤亦不能保其不决",因而七邑"叠承为患"难免,还引发县与县、庄与庄为了水路争讼不息。李方膺指出:"相度七县之形势,谛观河之源流,理会则在上游,致功则在下流。支流既分,而全流自杀。下流既泄,而上游自安。"

治水,既要根据这个实际水情,还要考虑当时封建社会小农经济的特殊情况,即"各县之民各有私心,即一村之内,议论迥不相同"。要制订出一个"县县相承","上下无害",互利共赢的修河工程方案,还需要解答上上下下各方面的疑问,做好各方面的工作。这就是在下面《小清河辨》《小清河问》《小清河商》以及《小清河支》《小清河程》多篇中,就各类问题,一一作了解答。规划可谓全面周到,论证可谓滴水不漏。

其中不乏各种顾虑。如《小清河辨》中"有曰,淄水强,清水弱,清水为淄水所抵不能入海等语。答曰,水之强弱不根于来源,而根于袤延之支会……且两水合并入海,迅疾而有力。海水淤沙亦可借此洗刷,益加深广。南人所谓天生港不假人力而自成"。——他把家乡"天生港"的形成也借来答疑了。

其中不乏各类矛盾的分析。如《小清河问》中载:"如问,海口高于内地,开通之后能不倒溉否?答曰,海口乃淄河之海口,非小清河之海口。小清河入淄河,会淄水四十七里归海。若海水倒灌,必先及淄河,再及小清河。既不灌淄河,天下岂有越门户而升堂奥之理。""又问,海水虽不高于内地而清水入淄恐淄水逆流。答曰,乾隆三年(1738)四月,管河道探量淄河底低（于）小清河底一丈二三尺有差，详禀在案……"这两个问答，内容一正一反，互为补充，可谓辩证。

其中也不乏以传闻责询的。如："问，海口之外是否有蛤蜊岭堵塞不能通流？答曰，蛤蜊岭之说不知创自何人。乾隆二年十二月十九日兰山县知县李方膺、同曹县县丞孔毓佩、博兴典史朱鸣岐、乐安典史张廷相，亲到海边之龙王庙（查勘），并无蛤蜊岭。且雍正十一年九月，福建龙溪船户郭长枣船被（避）风进口。雍正十二年九月，天津船户郑殿清粮食船被（避）风进口。通报在案。如果有蛤蜊岭堵塞，海船何能进口？此讹传也。"

还有议论者如"曰不可开通下游"，"一律深通钱粮太多"，还有问如："海潮上潮若干里？海潮长落有一定否？何时涨潮最强？何时稍弱？最强时潮高多少？稍弱时潮高若干？""可否另开一河？""河内有水如何彻干以便挑挖？""开工果分先后？""募夫有何良法？"地理问题、工程问题、技术问题、所需钱粮、所耗劳力、民意情况等，都在问答之列。设问甚详，解答甚细。

最后一卷又分别论述了七县水利之情况。分篇为《章邱县水利》《邹平县水利》《长山县水利》《新城高苑两县水利》《博兴县水利》和《乐安县水利》（之一、之二、之三）。

除了乐安的水利现状得到重大改善之外，李方膺还想在山东陆续完成他的水利建设计划，可是接替田文镜的新总督王士俊作梗，之后又因官场换岗等缘故，没有能实现。

42

第四章 从今不薄风尘吏

一、莒州知州

雍正十年（1732）夏，李方膺奉委署莒州知州。田文镜为什么作这样的决定？可能认为李方膺在乐安干得不错，甚为"器重"，而让他重挑个新担子。也可能是清代"干部"正常的异地调动，因为李方膺在乐安知县任上干了将近四年，一任已满。不过这次调动并不一般。一种可能是擢升。莒州，周代为莒国。古莒国筑有古城池名莒父。汉置县，金又置城阳州于此。明省县并入州，清因之。从历史沿革看，莒州由古州、县合并而成，似要大于县。但还是个县级州，即通称的"散州"。不过这是雍正六年（1728）前的"黄历"。据《清史稿》记载，雍正七年（1729），莒州已由田文镜上疏，"奏请"和高唐州、濮州及东平州共四州，都改"升直隶州"了。这样一来，按清代官制，直隶州"知州"为正五品，仅次于知府。因缺少历史资料，不能肯定李方膺是否属正式任命，有专家说可能是"代署"，即正式的未到，请位知县暂时代理一下，可这代理的时间却不短。不管是什么情况，可以看出田文镜的确是器重李方膺的，这可是从几十个知县里挑出来的呀！

李方膺风尘仆仆赶往莒州上任,策马登上古城垣,纵目远眺,骄阳西下,杂树丛集,炊烟依稀……一种历史的沧桑感和新上任的责任感一齐涌上心来。他驻足吟诗一首:

匹马登城仔细看,敢云持陋竟偷安。

从今不薄风尘吏,文学当年亦宰官。

李方膺赴莒州任心情是复杂的。诗中"持陋"是谦辞,他对自己施政的能力是充满信心的。初到新地,看到斑斑古城和芸芸黎庶,自然会想到莒州的古老文化,同时也可能想到雍正帝对他父子的恩惠。他想即使自己不才,但仍然要像在乐安一样,勤奋从政,赤心为民。他说,要以孔子弟子子夏为榜样。孔子有弟子三千,精通六艺的高材七十有二。《史记·仲尼弟子列传》云:"文学,子游、子夏。"这是说孔子门生里的子游和子夏最长于文学。子游即言偃,吴人(今常熟有言子墓)。曾为鲁国武城宰。孔子称赞他用音乐行教化,让君子爱人,让小人易使。子夏即卜商,少孔子四十四岁。春秋末晋国(今河南)温人。曾为莒父宰。孔子说:"商,始可与言《诗》已矣。"李方膺说,"文学当年亦宰官",圣人的高足子夏都能任古莒州牧,我也不轻视小小风尘吏。不过这话里还是有些自负的,同时,他想到自己宦游多年以来,如今虽为知州,但仍不免产生宦游劳碌、行役匆匆之感。李方膺对《论语》烂熟于心。他自然会想起子夏的主张"仕而优则学,学而优则仕"。是说为政精力有余就进行学习,学习精力有余就去从政。大概从此李方膺为政精力有余就要开笔画画了。此后他的画上还署过"莒父宰膺",并且刻了"莒父宰"和"莒州刺史"的闲章。

不管李方膺对调动工作怎么想,只要接了手,就要"以扶衰起靡为己任",这就是李方膺的性格!

莒州的市井百姓好争讼,动辄为了地头一棵小树、墙角一尺地打架,对簿公堂。略识几个字的又爱咬文嚼字送个状子。小事吹毛求疵、强词夺理成了社会之风。衙门里的胥吏也跟着狂妄狡猾起来，偏爱惹是生非，滥用职权，使尽诈骗、恫吓、诬陷之能事，从而渔利谋私。结果害苦了社会细民。李方膺一眼看出来，这正是衙门无政纪、社会无文治的问题。他对那些需要审判的案子，分析得十分透彻，是非分明，惩罚有据。他把那些为些许小事而好争斗聚讼的人找来，公堂上"喻之以理，动之以情"，以法规劝，以情感化。那些人都"顿首泣谢"，并且表示回去相互诫劝，不敢再犯。那些猾胥公人见新来知州精明过人，执法如山，都个个"落胆，不敢伺颜色"，从此相诫不敢玩法。自此，衙门政风得到整饬，民风也为之一新。

　　莒州的学宫已年久失修。殿屋破漏，围墙倾圮，杂草丛生，农家猪羊也可随时窜进来啃嚼。士子如同在露天读书，若遇风雨，苦不堪言。要进行重修等于重建，需费银两颇多。难怪前一任知州望而却步，就这么拖了下来，越拖越破败不堪。李方膺决定倡修学宫，带头捐出了一年的俸禄。他又找到几位大户，言明重修学宫、振兴文治对地方的好处，愿意出资者可以为学宫的董事。资金有了保证，又着手规划。然后开工重整殿容，绘彩藻，塑孔子像，大殿可供祭奠庆典活动。竖大成先师牌坊，颂圣人威仪。建两庑，士子可读书，可弦歌。再重砌围墙，饰以梅兰竹菊砖窗。院内栽以槐杏松柏等嘉木。经过大半年的操持，学宫面貌焕然一新。州人都称赞，士子更是庆幸。李方膺心里也高兴。他带领随员和教官，上上下下，里里外外转了一圈。坐下来喝茶的时候，有人说诸工皆毕，只是某处还少一幅中堂，某处还少两幅字。言下之意，希望知州大人为此留下墨宝。说着，只见学宫教官已备下笔墨纸张。李方膺放下茶杯，说："好，诸公且喝茶。我就乘兴涂抹两笔。"不一会工夫，一张写意荷花中堂画好了。大家惊喜地围观，有的说："好快手！"有的说："水殿清芬至矣。"李方膺暂时搁下笔，稍作

休息。他喝了一口茶,沉思片刻,便在画上落款道:

　　　　待出污泥有异香,一枝一叶大文章。
　　　　濂溪去后风流在,检得清芬到讲堂。

接着李方膺又请人帮助伸纸,顷刻挥毫写下了两幅条屏,原来是《题莒州学宫》两首诗:

　　　　数仞官墙接斗牛,圜桥泮水淡烟浮。
　　　　巍峨藻彩千年地,柱石飘零此日愁。
　　　　但有清风嘘古殿,愧无化雨育名流。
　　　　泮官共睹维新象,从此人文说莒州。
　　　　瞻天东郡萃奎楼,况复当年莒父州。
　　　　辉煌圣宇垂百世,斯文俎豆足千秋。
　　　　闲临泮水观鱼跃,伫立圜桥听鹿呦。
　　　　指日英才欣辈出,还传宰执旧风流。

大家见了都称好。教官更是又感激又佩服地说:学宫旧日破败确是"柱石飘零""清风吹嘘",今日新象真是藻彩峨峨、圣宇煌煌。来日更是"观鱼跃""听鹿呦"。英才辈出之日,文章惊世之时,定不忘李大人的善政功德。并表示要把李大人的墨宝尽快装裱张挂起来,以激励众士子勤学求进。有的人欣赏李方膺的书法说,挺拔中见严整,流畅中具法度。既有晋唐羲献颜欧书味,又具宋米笔意。

大家一阵说话,李方膺忽问,为何《莒州志》还是旧

《紫藤图》　　　《桂香图》

志?原来李方膺一到莒州就借阅地方志乘,以便了解当地历史地理、风土民情。却发现志书都是六十多年前的,许多大事都付之阙如。当下有人告诉他,主要原因是没有人担当其劳。李方膺马上想到前在乐安承揽的《乐安县志》,快要纂写完稿了,现在倒可以接着编纂新《莒州志》。于是他许诺自己来承担其事,并要求在座诸公和各诸生把见闻相告。大家一致赞成。

他搜集到大量有关编写方志的信息后,又花了很多时日,进行细致的调查核实,"阙疑征信",终于"粲然成帙"。然后进入分类编纂阶段,他在公事之余逐日抽时间来完成。

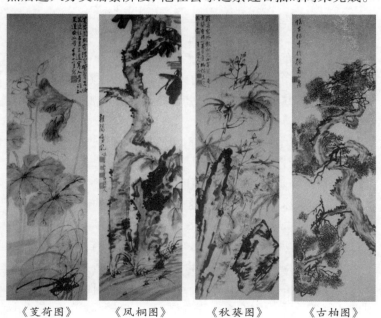

《芰荷图》　　《凤桐图》　　《秋葵图》　　《古柏图》

二、重返乐安

清代任用贤能,沿袭历朝试官的制度。民国《乐安县志》称李方膺是"特旨发山东试用知县"。试用者,试用待录的意思。可见,李方膺在乐安"试用"期间是如何的格外用功,以至无暇顾及画画。等到调任莒州知州的时候,他早已属正式"干部"了。到了莒州,李方膺虽然仍旧一门心思用于政务,但情况有些不同。首先是当年一齐在都门太学听讲的同窗迥楼三兄来信,祝贺他荣任知州的同时,也自然会提及李方膺当年说的"奋志为官,努力作画"的话。问他这官当得很有成就了,那画又画得如何呢?当年迥兄由都门归里时,李方膺曾在灯下画了一幅梅花赠送给他。其次,当下李方膺忙于政事而把画艺憋在肚子里已有几年了,经迥楼兄这么一提醒,确实也有些技痒哩。于是展纸碾墨调色,仿宋人笔法画了一幅《牡丹图》给迥兄寄去。这一开笔,可有点像小清河决了堤似的,从此画得就勤了。

值得一说的是雍正十一年(1733),大概在莒州学宫整修完工后,李方膺心情十分惬意,乘兴画了一幅《五鱼图》,并赋诗一首:

　　三十六鳞一出渊,雨师风伯总无权。
　　南阡北陌橹声急,喷沫崇朝遍绿田。

稻田养鲤是农家习惯,鱼既吃害虫,鱼粪又肥田。遍地水田,锦鳞喷沫,多么欢快!这是出了"渊"的鲤鱼,跃过了龙门的鲤鱼,雨师风伯管它不着哩。这诗开头两句,很自得,也好像是说他现在已不受青州知府管约了,多自在。

李方膺父李玉鋐在雍正十年(1732)曾告病假,得旨解任,回故里调养。他在家盖了一座小楼,可能他老人家考虑到自己年纪大了,想准备日后致仕归里,有个颐养天年的小窝。自己在南方待得太久了,未免染上湿气容易生病,这楼避潮湿,既可作卧室也可作书房。

古代官衙有规定,腊月二十日前后封印,即"公务员"放假。到正月二十日前后择吉开印,即上班。雍正十一年腊月，李方膺赶回家过春节，和父亲匆匆见了一面。他看父亲的头发又白了许多，就劝父亲能告老就告老吧。知子莫如父。李玉鋐熟悉李方膺的个性，对儿子的政务是满意的，至于缺点，聪明人点到就行。可能李方膺的心情比较好，雅兴也很高，从元旦起，在家接连画了几天画。一幅《梅花图》题："含春俱绰约，缀雪转清妍。"后署"甲寅元旦"，可见新年第一天画的是梅花。一幅题："新构小楼偏有韵，移来几树欲成荫。"下署"甲寅正月"。这一幅画的题款表达了对父亲所盖小楼的喜爱。梅花图上所言"移来几树"，自然也是梅花树了。这"小楼"就是以后李方膺经常提到的"梅花楼"。又一幅题："墙角数枝梅，凌霜独自开。遥知不是雪，为有暗香来。"这是借北宋名相王安石的诗来题画，落款署画于"梅花书屋"。"梅花书屋"可能是指老屋。李方膺这次回家可能还住在老屋里。李方膺有诗云："故园草屋书千卷，辜负梅花三十株。""梅花书屋"可能即指早先盖的"故园草屋"。尽管李方膺很喜欢"新构小楼"，称其别有韵味，但命名为"梅花楼"，当在"乾隆六年冬月"的事了。这次李方膺回来还画有《芍药图》，题道："曾向丰台阶下过，一枝能值几文钱。"还有"拟苏文忠笔意"的《墨竹图》等。

　　李方膺在家过完雍正十二年（1734）的春节，即将回任。李玉鋐也在家调养了一年多时间，病愈，得旨复任福建按察使司。父子与亲朋依依惜别。李玉鋐渡江南下，向福建进发。李方膺驱车北上，返回莒州任所。

　　李方膺刚调来莒州时，曾有一件事让他放心不下，就是小清河的水利。山东巡抚和管河道官员的意思是不管李方膺调到哪里，山东水利尤其是小清河治理的事还请他牵头。再说李方膺自己花了很多心血，现在要到莒州来上任，让谁来继续办这件事呢？乐安县典史张廷相曾和自己一起查勘过小清河水利情况，但他为人过于老实，业务多在刑法方面而水利方面的书看得不多,不敢担当此重任。李方膺想到家乡的一位秀才陈鹤龄(字瑶宾),此人外虽木讷可内中惠颖,每关心时事与经济,对治水尤多造诣。通州市河接濠河,濠河连通运河,运河又连通长江。河流时有淤塞,旱涝但有不保。特别忧怕天旱。天一大旱,则市河无水,濠河干裂。诗人记述为"沟涂坼裂风扬尘,河底草枯踢马足"。康熙年间曾开通了盐仓坝,借以调节长江之水进濠河、入市河。又在康雍年间,还多次疏浚过濠河与市河……对于家乡水利工程,何处需建闸,何处要开坝,陈鹤龄多有献策,并为通州知州延聘,参与治理河道之事。此人又品行端方,好善乐施。通州曾几被大荒,陈鹤龄都领头输家产以赈灾济民。郡守州吏想上报其事于朝廷,陈都坚辞不让。最后由大吏奖了一块"义重士林"的匾额给他。他不但精通儒家经书,而且还精通算法,除著有《十三经字辨》外,还著有《算法正宗》。李方膺想到此人,特聘为幕属。请他去乐安协助治理小清河。据《崇川咫闻录》记载,陈鹤龄到山东一两年内,"浚小清河,筑坝闸,开水田","擘划赞成",多有"善政"。

雍正十二年(1734),李方膺在莒州正忙于编修州志,又接到回任乐安知县的通知。为什么调他回去?历史资料缺乏记载。但有两点是可以推测的。一层可能是朝廷批准了乐安开挖疏通福民河的工程。这条河自石村镇经三里庄至龙门口全长五十六里,在古代,顷一县之力来完成这件事,可谓工程巨大,责任也重大。青州知府无人敢担当,乐安新任知县还没有摸清小清河的来龙去脉,只有让李方膺回来主持其事。再有一层是王士俊是一个"心险术浅"而专会"荧主听"的小人。雍正元年,皇帝遣他"以知州发河南待缺",田文镜看不起他,曾"有意督过之",直至把他逼走。如今,七十一岁的田文镜在雍正十年秋天病死于任所。王士俊接任后,有意挤压田文镜所赏识的人,这也是有可能的。可是李方膺却乐于承担其事,以为可以大显一下治水的身手了。他经过临朐县,车走穆陵关,道路险峻,只容一轨。天空又飘着细雨夹雪,可是他想到"花含小雨胭脂湿,枝绕春风绛雪凉"的梅花,画兴又来了……

　　李方膺果然不负众望。他把未完稿的《莒州志》带回乐安,继续整理编写,同时立即投入开挖福民河的周密准备工作。李方膺也知道,办此项水利大差是自己平生第一回,是一点也马虎疏忽不得的。他和张廷相、陈鹤龄精确计算工程土方、详细规划施工步骤。终于如前一章中所述,乘当年农闲时节动用民工,十月一日开工至十一月十日即全面告竣。从此乐安县境内水旱调节有了保障,还泽被邻县。开河功成,李方膺心情格外愉快,曾连连作画遣怀。

　　福民河工程刚刚圆满结束,李方膺正筹划着小清河流经的其他六县的水利工程。可是一纸调令又到,要李方膺去兰山任职。是年沂州由直隶州升为府,设附郭县兰山。李方膺为兰山首任知县。附郭县虽为府属首席县,但和直隶州仍不是同一级别,新来总督对李方膺的挤压是明显的。

三、兰山赴任

　　新任河东总督王士俊,贵州人,康熙六十年(1721)进士。他很会做官,善于揣摩上司和皇帝的心事,又有心机,长于应变,因而官升得很快。雍正六年(1728)他已是广东布政使。雍正八年(1730),徐骏文字案发,广东巡抚傅泰和他闻知皇帝很重视,一合计,认为升官的机会又到了。原来朝中翰林院庶吉士徐骏写了两句诗:"明月有情还顾我,清风无意不留人。"被认为是怀念旧朝,诋毁本朝,被处以狂悖之罪。他们两人一谋商,罗织了广东籍已死去三十多年的屈大均的罪责,并系及屈氏子孙。案子报到朝廷,意在讨好邀功。要是皇帝有赏赐，自然两人都有份。不料雍正帝批示道："糊涂繁渎，不明人事之至。"两人反吃了一闷棍，还不知皇帝到底要说什么。案子不了了之，但因巡抚名字在前，天掉下来大个子顶着，挨斥责有傅泰。王士俊一年后倒升了湖北巡抚，雍正十年（1732）又擢为河东总督兼河南巡抚。

　　王士俊的前任田文镜在雍正二年任河南巡抚时，国家西线战事吃紧，国库银钱和粮食都紧缺。他曾在河南黄河沿岸兴垦，并严令下属官员狠抓垦荒，稍有忤意，即行革职。雍正四年（1726），时有御史大夫参了田文镜一本，言田文镜对下属官吏太严苛，并且看不起进士出身的官员，但雍正帝把本子退了回去。据《清史稿》载，雍正七年（1729）"山东水灾，河南亦被水"，田文镜又"匿灾不报"，以至"百姓流离"，"祥符、封邱等县民有鬻子女者"。"上命蠲免钱粮。"田文镜还打肿脸充胖子，上奏曰："今年河南被水，州县收成虽不等，实未成灾。士民踊跃输将，特恩蠲免钱粮，请仍照额完兑。"雍正帝查得实情，不但不罪他，还为他开脱说："文镜年老多病，为属吏欺诳。"但这田文镜还是有别于王士俊的。他努力推行摊丁入亩等改革新政，整修水利，民生还是得益的。再有，其"所部无盗无贼"，也是史册上有公论的。

　　王士俊则以钻营为能事，接河东总督任后，刚愎自用，好大喜功，一方面表示要纠田文镜之偏，从此他便打压非进士出身的官员，讨好反田一派的官吏。另一方面他又以为兴垦能得皇帝欢心，于是在河南变本加厉兴垦，致使百姓"重受其困"，而且命令山东也要垦荒。他忘了治理小清河也是雍正帝的"最高指示"，对山东管河道的官员及李方膺坚持继续修理河道的计划很不以为然。还上了一道奏章，强调山东有荒可垦，并举东平州安山湖与京杭运河之间湖滩为例，说："湖地势低于运河，其湖旁涸出之地请分别开垦，以济民食。"贸然听起来理由很是堂皇，可实际情况不是那样。

要真有大片大片的能耕之地，哪有农民不种粮食之理。东平州在泰山西南麓。有发源于泰山南麓的大清河流经东平州，而注入东平湖。李方膺虽不在这里当家，但他受山东巡抚之托，曾和曹县县丞等多人在任城乘"黄河舟"，上上下下查勘过大清河和运河、黄河流经山东的水情。有的地方到了冬季，到处是湖滩、河滩，似乎涸地不少，但春季一到，山洪一来，全成泽国。直到秋后，水渐渐退去它又慢慢涸出了。这是无法播种的。胆小的官员明知总督决策不当，只是光有满肚子怨气，却不敢吭声。李方膺却是憋不住气的人，依照他的性格，又必会据理力争，不会唯唯诺诺。只是李方膺当下还没有面见总督的机会，但难免不对身边的人流露几句心中的牢骚和不满，说得激动时两手还会挥舞不停。

在这个时候，李方膺被派去兰山任职，自然一肚皮的不快，不过他还是克制着自己。他料理完乐安的移交手续，已是农历腊月了。他带着随行人赶了几天路，到达兰山时，天色已暗，就借宿于城北一庙宇的白塔内。他在白塔的土窗台上，发现了一块被灰尘蒙盖着的石砚台。因晚间无事，把砚台擦净，拿到灯下把玩良久，然后用篆刻铁笔，在砚台背面刻上了一道砚铭：

"雍正十二年十二月二十二日，赴兰山任，宿于城北之白塔。从土窗得此砚，反复谛观，心要虚，气要清，骨要坚。天之所以明启我也，显哉天乎！晴江自记。"

李方膺铭砚

这时的李方膺还是一心想当官。他想把官当好，做出政绩，巴望上司赏识，自己能有升迁的机会。这不能算俗，他是想施展才华，而和一味钻营不做实事的人完全不同。但从乐安调往兰山，从砚铭里可以明显地看出，他心里是有不平之气的。他说在进城前，意外得到这块石砚，是上天显灵提醒自己，要他有了政绩要虚心、不要骄矜，要清明、不要贪痴，要有骨气、不要媚俗。这是李方膺意识到自己有情绪，他在心里叮嘱自己，心要静，气要平，同时也决不为了做官而无耻地逢迎巴结、讨好上司。

　　李方膺到兰山没过几天，就下去考察民情、农事去了。首先他了解到"兰地洼下，多水患"，其次了解到当地一些不法"豪强吞并田产"，已酿成"大讼"。在短短几个月内，他力扳豪强，使冤狱遂得"昭雪"，同时"躬自督率夫役"，"开浚沟浍"，"刻期成功"，解除水患，乡民蒙利，无不感戴。

　　可是李方膺的心情还是不能够平静下来，为什么？雍正十三年（1735）秋收刚结束，王士俊的开垦令已急如星火地吹遍了山东。他要各府派人下去督促各县丈地，尽快上报开垦荒地为可耕田的数字。急于邀功的忙着打起"数字擂台"，胆小怕落职的官员跟着谎报。古训曰："邑有大事，士子皆得与议。"李方膺找了地方上的乡绅、贤达、父老商量，了解到各乡各庄的实情，认为垦荒之策不可一刀切。因而坚持说真话，顶着不办。兰山县是附郭县，既是府台眼皮底下盯着的，又是边远各县看齐的。李方膺这样一来，有的县也跟着说起真话、讲起实情来。沂州府一而再、再而三地派人下来催督李方膺，李方膺怎么也不能平心静气了。沂州知府亲自持檄来敦促，他以无地可垦的实际情况相告。知府大人不听，他更忍无可忍，说："此事之害不在目前，数年之后，以虚报田亩加增赋税，黎民必遭殃无疑。谎报垦地成绩，有名无实。虚报则无粮，加派则民病，后患不尽。下官决不敢肺附粉饰,贻害地方。"李方膺说得急切而激动,情不自禁两手挥舞起来。知府大人被说得没趣,只好悻悻而去,向总督大人汇报。王士俊听了大怒,说:"这个李方膺,竟敢对抗上谕!不杀,法不行!"他请出皇帝"钦章",给李方膺"上纲上线"。王士俊令各知府彻查,凡有类同李方膺言论的,一律撤职。李方膺不仅言论,忤逆大员,而且行为抵触,影响极坏,必须撤职查办。于是王士俊"趋以钦章",下令撤了李方膺的职,还把他监禁起来。

凑巧的是李方膺刚被王士俊关起来没有几天,就是雍正十三年(1735)的八月二十三日,雍正帝驾崩。一方面朝廷里忙于治丧和新帝继位,一方面李方膺被关进大牢的消息,在山东一下子传开了。特别是兰山、莒州及乐安的百姓初为之惊讶,继而知道李大人是为百姓说了真话而蒙冤进的牢,都愤愤不平。百姓哗然而起,说:"李大人为民请命坐的牢,我等要轮流探视。"据袁枚所纂《李晴江墓志铭》和有关史料记载,说百姓探监不得入,监吏呵叱也不愿散去,反而人越聚越多。百姓带来了粽子等钱物也送不进去,就一边喊着李大人的名号,一边把钱物从外面向围墙里扔进去,以至"瓦沟为满"。百姓不得进去,仍然川流不息地过来探视。这事件闹得很大,惊动了京师。

李方膺大约被关了两个月。这期间,新帝乾隆登基开始理事。朝中户部尚书史贻直就河东总督兴垦害民的事,参了王士俊一本,说:"河南地势平衍,沃野千里,民性纯朴,勤于稼穑,自来无土不耕,其不耕者大都斥卤沙碛之区。臣闻河南各属广行开垦,一县中有报开十顷、十数顷至数十顷者,积算无虑数千百顷。安得荒田如许之多!推求其故,不过督臣授意地方官多报开垦;属吏迎合,指称某处隙地若干,造册申报。督臣据其册籍,报多者超迁议叙,报少者严批申饬,或别寻事故挂之弹章。地方官畏其权势,冀得欢心,讵恤后日官民受累，以致报垦者纷纷。其实所报之地，非河滩沙砾之区，即山冈荦确之地，甚至坟墓之侧，河堤所在，搜剔靡遗。目下行之，不过枉费民力，其害犹小。数年后，按亩升科，指斥卤为膏腴，勘石田以上税，小民将有鬻儿卖女以应输将者……"

乾隆帝听后，同意尚书所奏，说："田文镜为总督，苛削严厉，河南民重受其困。士俊接任，不能加意惠养，借垦地之虚名，成累民之实害……"原来"河东总督"一职是雍正帝专为田文镜所设。田病死后，未及改变建制就由王士俊接任了。当下乾隆下旨，"河东总督"一职撤销。河南、山东两省的最高权力仍然分归各省巡抚。王士俊降半级处分，调京师，用为兵部侍郎。

虽然乾隆帝批评王士俊像掸灰尘一样，但王士俊一离开河南，其劣迹也暴露出来。这些均由巡抚整理，上疏报给乾隆帝。如河南巡抚傅德疏劾王士俊说："上蔡知县贵金马奉檄开垦，迫县民加报地亩钱粮。武生王作乎等诣县辨诉。"王士俊则命知县把人抓起来，"定谳毋及开垦，妄坐作乎等勒减盐价，拟斩"。这是说王士俊指示县官审判定案时，不要提开垦的事，就栽他犯的是"勒减盐价"，"聚众哄堂"的死罪。这不是明目张胆地寻以他事，光天化日之下草菅人命吗！据说"傅德论劾"一送上去，"外间传说士俊已命逮治"，一片欢声。又如像李方膺那些官员，被王士俊无故关起来，或被撤职的事，也都被上报到朝廷，等待新皇帝的结论和处理。王士俊一走，巡抚首先赶紧放人。李方膺连夜被放出，这已经是十月中下旬的事了。

李方膺回到兰山咫闻斋，买来萝卜、大蒜，沽来浇酒，三杯下肚，感慨良多。他回顾自己"十载匆匆薄宦游，个中滋味复何求"？何以解忧？屈子寄情于《离骚》，司马迁寄兴于《史记》……李方膺则寄志于诗画。他摆下画案，先画一枝嘉树玉兰，题曰：

> 劝农不知路迢遥，曾见乡村玉树条。
> 官罢到今才两月，家家斧劈当柴烧。

这幅画作于"乙卯十月二十一日"。"乙卯"就是雍正十三年（1735）。诗中说自己被罢官两个月，美好的"玉树"被毁了。这是有所象征的。按"两个月"推算起来，李方膺是八月中旬被罢的官。刚回来的这几天里，他接连画了好多画，一吐胸中之闷气。他画石柱，题曰：

> 中流砥柱自安闲，不管风波肺腑间。
> 薏苡明珠相似处，丰神屹立重如山。

"自安闲"是一种大气度的表现，任凭风起波翻，我自岿然如山屹立。相信真假是非会有公论。东汉马援南征，将士多染湿症，得乡人指点吃薏米得救。班师时带回几车薏米种子，有人诬谤他带回来的是南方珍珠。薏仁成不了明珠，明珠也不会变成薏米。他心里清醒着，沂州知府也好，王士俊也好，不过演了一出闹剧。他画了一幅牡丹，题诗道：

> 紫紫黄黄色色多，三春花市闹如何？
> 最怜巷口提筐者，抹粉涂脂老卖婆。

这诗境也像一个绝好的比喻，那些导演"闹"剧的人，不就像"抹粉涂脂的老卖婆"！他画梅花，题诗曰：

> 十月阳春初动时，勾芒有诏岭南枝。
> 百花领袖无消息，早发寒香不可迟。

他说梅花已听到春神的诏令了，但还没有见到梅花开呢。这诗里所表达的急切企盼的心情，不正是他此刻等待朝廷结论的焦急情绪的写照吗？

朝廷的结论姗姗来迟。原因何在？原来巡按傅德的"疏劾"送上去后，大臣们认为"士俊当夺官"，可乾隆帝仍命"留任"。没过几天乾隆帝还派王士俊去四川任巡抚。原来皇帝喜欢这类人！不料王士俊不识相，还想投机，一到四川就给皇帝上了一道"密疏",不言四川政事,而是攻击王公大臣"唯在翻驳前案","将世宗(按,指雍正)时事翻案,即系好条陈"。这恰恰戳中了乾隆帝心中的隐秘,这下王士俊投机不着可要栽到底了。乾隆帝看了他的"密疏"大怒,认定他是"中伤与己不合之人,其机诈不可胜诘",又说王士俊河南垦荒是"市兴利之善名,行剥民之虐政","岂可宽宥"!乾隆元年(1736),王士俊终于被逮下狱。

而乾隆帝也终于要召见被王士俊迫害的官员了……

四、画家门户何人破

在等待皇帝诏命的日子里,李方膺有的是读书、绘画的时间。他展开一张大纸,画上数枝梅花,然后一字一字地题上王冕的《梅花传》全文:

先生姓梅,名华,字魁,不知何许人?或谓出炎帝。其先有以滋味干商,高宗乃召与语,大悦,曰:若作和羹唯盐梅。因食采于梅,赐以为氏。梅之有姓自此始。至纣时,梅伯以直言谏妲己事,被醢族,遂隐。迨周,有楳有者始出仕。其实行著于诗,垂三十余世。当汉成帝时,梅福以文学补南昌尉,上书言朝廷事,不纳,亦隐去。变姓名为吴市门卒云,自是子孙散处不甚显。汉末绿林盗起,避地大林。大将军行师失道,军士渴甚,愿见梅氏。梅聚族谋曰:老瞒垂涎汉鼎,人不齿之。吾家世清白,慎勿与语。竟匿不出。厥后,累生叶,叶生萼,萼生蕊,蕊生华,是为先生。先生为人修洁洒落,秀外莹中,玉立风尘之表,飘飘然真神仙中人。所居环堵竹篱茅舍,洒如也。行者过其处,必徘徊指顾曰:是梅先生居也,勿剪勿伐,溪山风月其与之俱。先生雅与高人韵士游,徂徕十八公、山阴此君辈,皆岁寒友。何逊为扬州法曹掾,虚东阁待先生。先生遇之甚厚。相对移日,留数诗而归。先生南北两支,世传南暖北寒,先生居于南者也。先生诸子甚多,长云实,操行坚固。人谓其有乃父风味。居南京犀浦者,为黄氏。其余别族具载石湖《谱》。太史公曰:梅先生翩翩浊世之高士也。观其清标雅韵,有古君子之风焉。彼华腴绮丽,乌能辱之哉!以故天下人士景仰爱慕岂虚也耶!

画成之后,要在纸的空白处,再洋洋洒洒地题写上这么一篇正文长达439字的《梅花传》,是要有一点耐心的。李方膺此时此刻抄写王冕这篇《梅花传》,不难发现他的思想感情与《梅花传》中的思想有极相契合的一面。《梅花传》中说,梅先生"家世清白""操行坚固""修洁洒落""清标雅韵"。所交亦皆"高人韵士",与松、与竹称"岁寒三友"。梅先生有"一出""三隐匿"的自我约定。一"出"者,即择明时以出,出则既要"言朝廷事",又要有"实行"。三"隐匿"者,"直言""被醢",即"隐去";"言朝廷事,不纳",即"隐去";遇"不韪之"人,"慎勿与语",即"匿"之也。这"一出三隐"正显示出梅先生的清正不染的品格。李方膺这是借王冕的《梅花传》寄托自己的感慨呀!寄慨之深,不是一般人可比的。自后,他对梅花品格的喜爱,不是一般的歌颂,而是当作平生知音了。

乾隆帝召见的上谕连夜送到,李方膺即刻收拾行囊,随车北上。

李方膺《百花呈瑞图》

李方膺《秋菊图》

皇帝召见的那天清晨，李方膺等一批官员被引进紫禁城内，站在军机房丹墀西侧的槐树下静候，等待众大臣上朝后乾隆帝的召唤。这时大臣云集，得知西槐树下站立的都是遭王士俊打击过的官员，纷纷向前争看。其中有一位银须飘动的老臣——吏部尚书、文华殿大学士朱轼（字若瞻）——知道李方膺。他曾在雍正朝"领水利营田"的事务，治过直隶漳、卫两水，对李方膺疏理山东小清河的规划很赞成。他还知道李方膺年轻，有魄力，特别在雍正十二年开挖福民河的工程，李方膺主其事，办得很好。乾隆元年也是他给皇帝上的《除开垦疏》。他指着李方膺给同僚们介绍说："那位就是力劝停止开垦的知县李兰山呀！"经他这一提，旁边的大臣都以手遮额，朝朱相国手指的方向望去。有的还问："相国所指，莫非是那个眼神闪亮闪亮的瘦高个儿，是吗？"这时大臣群里还走出一位老臣，就是当年李玉鋐在福建当道台直至升任按察使期间，福建巡抚赵国麟，现在是乾隆朝的礼部侍郎。他迈步直向李方膺走来，一把握住李方膺的手，说："你是李贡南之子呀！贤侄，看到你如同看到贡南啊！贡南儿子有出息啦！"赵少宗伯说得很激动，不禁老泪流了下来。

当年李方膺以贤良方正被清世宗雍正召见，受擢拔；现在又以山东知县被乾隆帝召见，"阻垦"终得事白，仍发山东续用。归来后，他心里既有感恩又有庆幸。他庆幸，如他画中所题："秋花最是迟开好，且可东篱护晓霜。"（乾隆元年作《菊石图》）秋菊绽开，霜露打来，幸有"东篱"扶持。他感恩，亦如他画中所题：

萧瑟风吹永巷长，彩衣非复旧时黄。
到头只觉君恩重，常自倾心向太阳。（《秋葵图》）

"君恩重"对李方膺来说可是真心话，他不会忘记雍正帝对他父子的眷顾之恩，同时也为这次见到乾隆帝而振奋。

"向太阳"或是化用杜甫诗句而来。"葵藿倾太阳,物性固难夺。"图画的又正是《蜀葵》。不过"向太阳"倒是李方膺的家训。他在乾隆元年另一幅《百花呈瑞图》上题道:

不写冰桃与雪藕,百花呈瑞意深长。

只缘贤母传家训,惟愿儿孙向太阳。

李方膺这一次的周折,想必雍正十三年致仕在家的老父与母亲都知道了,也来过信。父母叮嘱"儿孙向太阳",就是要子子孙孙做一个正直向上的人,而不是恣睢邪恶、钻营无耻、不务正业的小人。

然而伤口虽愈,日后抚之,仍会有隐痛的。心中的块垒,只有对知己倾心一吐。

科举时代,生员之在天下,近或千百里,远或万里,语言不通,姓名不通,年龄不同,只要同榜,即谓"同年"。如对方比自己早上榜,则要称"学长"。李方膺在山东峄县结识了一位知交,就是比他早几年入学的王元辅。峄县古称兰陵,靠着兰山县。可能王元辅曾热心支持过李方膺的阻垦言行。李被罢官后,他又竭力声援。在李方膺处境最困难的时候,王元辅也不避嫌,照样接纳李方膺。故李方膺引以为知己,无话不谈。李方膺说"元辅学长兄"心底透明,是人中不可多见者,并送他一幅《梅花图》,题词是:

相君之面清入骨,不是梅花不许论。

昨夜含毫思入梦,石桥南畔两三根。

拿梅花比喻王元辅,说其人心地似梅花之清纯,评价不谓不高。王元辅还介绍他的一位在历城的好友给李方膺,姓顾名均湖。李方膺去历下,访得顾均湖,两人见面,交谈甚欢。顾均湖是何身份,今也不可考。但他和李方膺是同年入学或同年入监的,李方膺称他为"年兄"。李方膺每次到历下,常在他那里盘桓数日,可见两人的友谊。李方膺在送给"均湖年兄"的《菊花图》上题诗,称赞陶渊明宁贫,也不愿向权贵折腰的品格。说：

    陶潜官罢酒瓶空，勺水清清菊一丛。
    所谓伊人不可见，萧萧风味画图中。

  既抒发心中感慨也称许顾均湖，或许顾均湖就是和自己一样，是被王士俊整过的官员；也或许他就是诗中所说的陶潜一类谢绝了功名的隐逸人物。

  乾隆元年（1736）正月，还有一位好友来到山东，寻到李方膺的居所，他就是李鱓（1686—1760），字宗扬，号复堂。李鱓和李方膺的父亲玉鋐及远房堂叔李堂交往甚密。早在通州"五山画社"活动的时期，李鱓就曾来过通州，并和李玉鋐、李堂结识，认了同姓同宗。康熙五十八年（1719）李鱓又从老家兴化来到通州。正好李玉鋐解去广西省西宁知县任，应召入京，顺道回通探亲在家。大家相见，异常高兴。李玉鋐、李堂约李鱓同去登狼山支云塔，随又游黄泥山，晚还宿于僧舍。李堂欢喜地说：

    粤东五载隔蛮天，携手还同登塔巅。
    山意萧森秋气别，水光摩荡月轮悬。
    昭阳兄弟来天外，江国沧桑感目前。
    料得酒酣歌又起，莫将离曲入繁弦。

  诗中的昭阳是兴化的别称。前四句说的是李贡南从广西归来，一同登上家山的支云塔，很不容易。后四句说的是李复堂难得来通州一趟，不要匆匆又离去。李玉鋐也做了一首诗，说：

    藤萝仍挂老僧扉，沙涨山根径路非。
    借问沧桑何日变，无端鸥鹭几行飞。
    老梅似识故人至，深谷不容游子归。
    烧烛今宵须尽醉，莫愁江上落斜晖。

  诗中说，山根下沙涨成田，人间沧桑，瞬息万变。故人来了，要珍惜，要尽欢。这年李玉鋐已六十一岁，李堂五十六岁，李鱓才三十四岁。李堂在诗中称李鱓为老弟。已是二十三岁的李方膺随侍在座，自然只能忝列小辈了。不过，他们在狼山萃景楼小坐喝茶时，李堂问李方膺："你怎么不做一首诗来？"李方膺笑笑，随即顺口吟道：

东南风雨消残暑，吴楚江山入早秋。
渡口日沉僧磬起，港门潮落客帆收。

这首诗题为《登萃景楼》。李鱓和大家听了，说："好，即景成诗。"

雍正五年（1727），李鱓又来过通州，可惜李方膺父子去了福建。

这次李鱓来山东是顺道而来。原来李复堂曾以举人身份供奉内廷，康熙帝命他跟蒋廷锡学画。后来被牵连于皇子争位事件而罢黜，一直浪迹江湖二十多年。眼下乾隆帝登基，他又感到一线希望，决定再去京师碰碰运气。李鱓因与李玉鋐、李堂相善，从辈分上来说当是李方膺的小叔辈，但两人私下见面，又像丁友煜跟李方膺一样，虽然年龄相差十几岁，仍旧称兄道弟。当下两人重逢，举杯倾心，说些各自的不平遭际，都庆幸新皇帝的登基。新皇帝弘历在做皇孙的时候，李鱓曾在南书房教过他画画呢。李方膺也说这次为阻垦招冤而得脱，也得感恩乾隆帝。待到酒酣耳热，两人随心谈诗论画，共同语就更多了。他们津津有味地谈起苦瓜和尚的《画语录》。从"一画"与"万象"讨论到《坛经》里的"一与一切"的异同，又从"墨非蒙养不灵，笔非生活不神"，说到"我自用我法"。李鱓饮了一口酒接着道，师古人之法，只在充实自己，重在师古人之心，吾辈岂可一笔一画都依傍古人。画者，外师造化、中得心源才是根本。李鱓在李方膺屋里看到两幅《秋葵图》，觉得笔墨清纯，既有白阳意蕴，又有李方膺的自我面目。他便放下手中杯筷，起身去读图上的题诗：

萧瑟风吹永巷长,彩衣非复旧时黄。
到头只觉君恩重,常自倾心向太阳。

读毕,连说几声好,便沉吟起来。过了片刻,他径自吟道:

自入长门着淡妆,秋衣犹染旧宫黄。
到头不信君恩薄,只是倾心向太阳。

李方膺的诗意是已得到新皇帝的恩典,便说"只觉君恩重"。李鱓略作改动,表达了他正向往得到新朝廷再次任用的愿望,因此说"不信"君恩不会重。两人互相领会对方诗意,不觉相顾大笑。重回酒席时,他们又谈论起笔墨来。李方膺问他近年在笔墨上有何心得、有何见教时,李鱓笑着先吟了两句诗:"草绿繁华无用处,临行摹写天池生。"然后说:雪个善用笔,石涛善用墨,青藤用水运墨了得,简直前无古人。近年余颇痴迷于此道也。李方膺听了大有同感,便请他演示。李鱓乘醉挥毫落纸,画了一幅《年年顺遂图》。只见宣纸上顷刻间先出现两条肥肥嫩嫩的河鱼。那鱼,水淋淋地刚出水似的,还活蹦着哩。随后又见几笔一挥,一支稻穗顺溜地将两条河鱼贯穿起来。画面水墨淋漓,确有青藤笔趣。李鱓说:"我是师心纵横,不傍门户呵!"李方膺点头称是,也引了一句青藤的话说:"随手所至,出自家意。"接着李鱓在画上加上题词:"河鱼一束穿稻穗,稻多鱼多人顺遂。但愿岁其有时自今始,鼓腹含哺共嬉戏。岂惟野人乐雍熙,朝堂万古无为治。"

并在画上盖了一方"大开笑口"的闲章。这幅画和题词是庆幸李方膺遇到的风波,仅仅几个月就过去了,祝福他从此一生顺遂(穗谐言)。同时李鱓也在画中表达了自己的心愿,希望北上求职也顺遂。(按,此幅画,现代编者一般都作李方膺作,收入《李方膺画集》。笔者观其画鱼用水法及落款书法皆是李鱓手笔,故作大仙李作品。黄俶成著《画仙春秋》亦如是观。另外,这方印大概就此也送给了李方膺,小李画中从此常见。)遇到知心同道,李方膺也手痒了,乘醉画了一幅《墨鱼图》。题诗是:

失水神龙蚁亦狂,风云有会变无方。
应吹雪浪摇星斗,晓涌晴波浴太阳。

这首诗好像是在鼓励李鱓要有勇气北上都门,相信风云变化会出现有利的时机。次年,李鱓果然得任山东临淄知县。这是后话。

据说,李方膺自都门面君回来,曾乞假归养父母。未获准。乾隆二年(1737),他一度心情郁闷,有感于"三年倦作兰陵客","四十无闻误是吾"……在一幅《梅竹图》上还题了这样四句诗:

竹有清风梅味酸,画家镇日与盘桓。
风清不作兰台赋,味酸偏宜和雪餐。

兰台是古代对御史台的别称,或指中央藏书室,班固曾担任过此中央图书馆馆长之职兰台令史。这里李方膺向往的是班固在《汉书》中所记西汉君臣称引《春秋》之义,议论朝政的故事。可惜此一时、彼一时,此刻发议论不合时宜了。他拿竹与梅自况,说风清不再发表意见了,味酸正好和雪独处去。语中有气,流露出消极思退的想法。

十月,李方膺获准回乡省亲。这次他离上次回来又相隔三年多了,父亲李玉鋐已于雍正十三年致仕在家。今年又是老父七十九岁,一家人也当贺他老人家八十大寿。李方膺抽空回来一趟,一来探视二老,二来以释亲朋牵挂。深知官场险恶的老父也晓得儿子的苦闷,对他这次的遭遇不免想起当初的担心。见面后,难免要搬出"亦农亦儒"的老话,说些退后一步"何处没饭吃"的劝慰。也或感激当今皇上的英明,又提醒李方膺处处要谨慎,人生为官,不在大小,但凭赤心,能为君分忧,能为民办好几桩实事,就对得起列祖列宗了。李方膺在家一段时日，画了一些册页，其中一幅《枇杷图》，题的诗是：

　　四十无闻误是吾，春花秋月酒家沽。
　　三年倦作兰陵客，浪墨濡濡晚翠图。

晚翠，指枇杷。冬花夏果，叶翠而长青。宋人赋云：寒暑无变，质贞松竹。诗后的落款时间地点是"乾隆二年十月写于半壁楼"。这"半壁楼"值得作一番探讨。笔者所见署有"半壁楼"字样的画（影印件）有五幅。除上述作于乾隆二年（1737）十月的《枇杷图》以外，还有《松石牡丹立轴》署"乾隆五年写于半壁楼"，有《梅花立轴》署"乾隆五年六月半壁楼"，有《墨菊立轴》署"乾隆六年九月写于半壁楼"，有《花卉册页》（共十幅）其中一幅《墨菊图》署"乾隆六年十月仿白阳山人笔法于半壁楼"。由以上资料分析推测，半壁楼可能就是雍正十二年（1734）正月李方膺在家题画诗中所说的"新构小楼"的初名。李玉鋐在世时，小楼归李玉鋐居止所用，或这初名即为李玉鋐所起。璧者，玉器也。古人云："君子比德于玉"，称"半璧"，又表示谦逊的意思。有趣的是在乾隆五年（1740）作的那幅《松石牡丹立轴》上，在"李方膺"三字下还钤有一方小印，印文是"梅影楼"（此画藏南通沈寿纪念馆）。这幅画是他在家画给岳父兄弟（叔岳大人）的，又可能是在乾隆四年李玉鋐去世后，李方膺起初想用的楼名，或是半壁楼的别名。乾隆六年（1741）冬天，有一幅《梅花图》，这幅图上的题诗是："只有梅花刺眼新，终年涂抹最精神。爱他一副清癯骨，担得人间万万春。"后面署"辛酉中冬写于梅花楼"。从此，"梅花楼"出现，以后"半壁楼"的名称和"梅影楼"的小印就再也没有出现在画面上。这也可以推测，就此，楼名定了。总之，乾隆五年、六年在守孝期间，李方膺没有大府的"夺情"是不可能两年里都跑到山东去的。因此，"半壁楼"不可能在历下。又因为乾隆二年（1737）"半壁楼"已经出现于画上，因此此楼也不会是临时居丧的"倚庐"——古制服父母丧时，孝子所居住的倚墙壁而搭的临时棚子。一句话，半壁楼就是梅花楼。以后"梅花楼"常见于画，即使在乾隆十一年（1746）以后，李方膺居丧期满，再度谒选入仕，在外乡作画也往往署"写于梅花楼"，亦可见其对故园梅花楼的钟爱与思念之深。不过，这里说的也都是后话了。

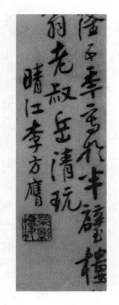

李方膺《松石牡丹图》 附局部
"梅影楼"印（沈寿纪念馆藏）

当下，李方膺仍旧留作兰山县知县，但从他存世的画来看，从乾隆元年到四年大多在历下活动，或在小清河流域行走。有可能这是山东巡抚和管河道的官员留他操办治水事务。这四年内,他在历城常作画的地方碧梧居,可能就是安排给他落脚的地方。这个判

李方膺故居照片(南通博物苑藏)

断不是没有一点依据的。李方膺在乾隆五年(1740)曾回忆说:"雍正八年,奉世宗宪皇帝谕,修小清河。蒙岳大中丞委膺查勘。乾隆三年,奉皇上谕,修小清河,或分上游,或治下游。又蒙法大中丞委膺复勘。往来河干,首尾五年。"这几年里,他奉命常在历下行走,且还有"查勘小组"的其他三位同仁,总得有个居住、办事的地方。再有李方膺在乾隆十一年(1746)居丧服阕,进京谒选时,曾专程路过历下,或是看望老友或是拜访大员,曾居住老地方,并且留下多幅绘画作品。其中一幅《花卉屏条》上题道:"晴江写于梅花楼之东廊碧梧居。"这"碧梧居"三字上置有"梅花楼之东廊"字样。李方膺在外地,只有在自己客居的住所作画才称"梅花楼",不可能把别人家的客厅、书房称作自家的"梅花楼"。同时也可见他当时的居室在楼的东头楼下,且窗外有梧桐树一二株。李方膺对于平生治水的这段经历也是最为看重的。他到晚年还乐于道此,曾有诗说:

> 归来踏尽古梅开,镂雪雕冰月下堆。
> 水部风流思入梦,梅花楼上酒千杯。

他说,想到自己这一段经历,就会高兴得再酌一杯。到了乾隆二十年(1755),在给老友沈凤的贺寿诗中还说:"最爱南枝有主张,不逢知己不芬芳。自从水部识名后,千载重

来一沈郎。"一个"水部识名"、一个"水部风流",可见这段经历在李方膺心中的地位。当年治理小清河、著作《山东水利管窥略》一书可是闻名朝中的。只可惜朝中一位曾"识"李方膺之"名"的"水部"知音、吏部尚书、大学士朱轼,在乾隆元年(1736)秋天,一病不起而去世。欣慰的是一部《小清河议》还在山东流传着。不仅李方膺本人如此,而且还是李方膺子孙后辈引以为豪的事呢。其侄孙李懿曾在其所著《望江南·通州好一百首》中云:"通州好,高擢汉贤良。莒父城中编水利,醉翁亭下品文章,谈笑作龚黄。"并注云:"先叔祖晴江公,雍正朝举贤良方正,知莒州时著《山东水利》一卷……"李方膺的侄曾孙李琪也有《竹枝词》云:"十世衣冠数卷诗,人人俱解拈吟髭。敢云诗是吾家事,侬让唐朝杜拾遗。"注云:"余家自十世祖水部公至先严博士公,代有诗集。""十世祖",就是指李氏高祖李元佩来通州定居,延至十世的李方膺。这里值得注意的是,李琪特称曾叔祖父李方膺为"水部公"。外人看重李方膺的画,而李方膺家人同时还看重他的"水部"政绩。

李方膺不谋干进谋画进,画艺得到飞速提升。

乾隆四年(1739),李方膺在运河山东段查勘的途中,看到南宋丞相李纲画的《梅花图》,十分高兴,乘空隙,连忙展纸临写起来。一幅画成,他支颐思考题词,蓦然想到李纲被主和派排挤离开了朝廷的历史,心中不免一阵黯然,同时又联想到自己的曲折遭遇,即刻奋笔疾书道:

　　一枝斜挂一枝垂,莫怨丹青手段卑。
　　独向百花分别处,不逢摧折不离奇。

"不逢摧折不离奇",他重复念着这最后一句,感慨地吐了一口长气,好像吐出了一块心中的石头。次日,行到贝州地界,李方膺见日头还高,又抓紧作起画来。作的也是一幅《梅花图》,题道:

行役匆匆日欲斜,车停茅店画梅花。
青山到处堪埋骨,暂歇奚囊便是家。

他说一路公干,有梅花相伴就不怕苦。这是反唐人诗意而用之。唐代诗人柳贯在《夜行溪谷间,梅花迎路》诗中咏:"正为先生行役苦,故留皱玉荐奚囊。"奚囊是古人放笔墨纸张便于途中作诗用的袋子。李方膺说,只要公干之余能抽空作诗,就乐而忘苦了。李方膺还说,风尘小吏他不辞,奔波于水利事务,忙于谋福祉于黎民,是一乐;抽空勤奋画事,忘了早晚,又是一乐。有此二乐何处不可以为家!青山处处堪埋骨,放下手中画笔休息就是"家"。这就是李方膺在蒙受摧折后的人生价值观。乾隆四年(1739),他还在画上钤了一枚"不辞小官"的印,表达了他重新思考人生价值的取向。李方膺淡化了对官本位的追求,以唯官为俗虑,以赤心为民为乐事。做官要为民做主。他为"农工"鸣不平,他为菜农叫苦情。"挥毫落纸墨痕新,几点梅花最可人。愿借天风吹得远,家家门巷尽成春。"这首当年的题画诗中,表现出一种朦胧的普天平等的民主意识,尽管是萌芽状态的,但正是李方膺的进步思想感情。他说"不写冰桃与雪藕"这些富贵典雅之物,却把御用画家不画的所谓不登大雅之堂的农家常见之物引入自己笔下,如他画大蒜、萝卜,说萝卜、大蒜照样可以佐美酒。他画冻枣、青菜,说"冻枣垂垂映柿红""菜把甘肥色更鲜"。他画田家歪瓶、老瓦盆,说歪瓶"案头也可插梅花",老瓦盆栽菊"也分秋色到柴门"……由此可见,他的审美观也相应发生了变化。不仅在绘画的题材上以俗为美,而且在笔墨趣味上求新求奇,以怪为美。如画于乾隆元年的一幅《梅花图》,题诗为:"画笔纵横不肯庸,凭空春色挂重重。问他生长灵根处,只在罗浮第一峰。"构图用笔都打破了传统规矩,梅枝下垂,长枝弯成弧形,疏枝稀花。画面构图空灵奇特。用今人眼光看,特具形式美,经营位置大有现代画笔趣,主观意识表达十分强烈。再如这期间,他"仿"王冕画梅,却不跟着画气枝,全用自己笔法。"仿"青藤画墨牡丹,重在师心,题诗说"胭脂贱""墨如金"。这是故意颠倒常人的审美观。他画菊花不画藩篱,追求的就是一种天然不加雕琢的精神。

这一时期,李方膺对绘画艺术有极为深刻的领悟。笔者认为,这是李方膺绘画艺术的觉醒期。

所谓"觉醒",即悟到变化,想到突破。人在学习时期总在模仿他人,不管专学一人还是多人,往往还是他人之面目多。清初绘画,往往囿于"四王""六家"之门户而不能突破。但即使学宋人、学明人,也不能亦步亦趋,要有变化。正如石涛在《画语录·变化章》中所言:

夫画,天下变通之大法也。……今人不明乎此,动则曰:某家皴点可以立足,非似某家山水不能传久;某家清澹可以立品,非似某家工巧只足娱人。是我为某家役,非某家为我用也。纵逼似某家,亦食某家残羹耳。于我何有哉!或有谓余曰:某家博我也,某家约我也,我将于何门户?……如是者知有古而不知有我者也。

当然,为李方膺艺术生涯分时期,前后时期的分接不可能是绝对的、截然的。从一个时期过渡到另一个时期,是有一个量的积聚和质的飞跃的过程的。

雍正十三年(1735),李方膺在一幅题《篱菊》的诗中,大声疾呼:"画家门户何人破!"象征了他的绘画觉醒。这是我们看到的唯一一幅画有竹篱的菊花图,他却说:

画家门户何人破,编竹为篱种菊花。
篱内人家描不出,琴樽潇洒客琅琊。

如若囿于门户之见,画家既创不了新,也画不出自己心中的天地。"篱内人家"老眼光,陈规定式,当然"描不出"新生鲜活之物。画家"不用藩篱天地阔",只有打破"门户"

之见才有出路。破画家"门户",这是李方膺在理论认识上的居高。他说:"画笔纵横不肯庸",庸者,是为他人笔墨之奴也。不肯庸者,是拿他人笔墨为我用也。由此,李方膺的绘画艺术上升到一个崭新的高度。

李方膺《墨竹图》

李方膺《芭蕉图》

第五章 画家门户终须立

一、平生不肯居人后

李方膺《菊石图》局部

李方膺《梅花图》局部

乾隆四年（1739）的五黄六月天，李方膺都在历下或小清河沿岸行走，查看水利情况。同时也乘暇作画。这年六月，山东巡抚法敏奉命回京述职交差。夏天，鲁南先经大旱，百姓好不容易抗旱保住了庄稼。哪知刚入秋，又连遭几场大暴雨，眼看快成熟的秋粮全淹在地里了。兰山、蒙阴等地灾情严重，百姓纷纷逃荒。刚在滕县正式上任的知县、李方膺的好友李鱓，就因这场水患擅自开仓赈灾，被新上任的山东巡抚、正黄旗人色硕撤了职。李方膺赶回兰山抗灾、救灾，具体经过缺乏历史记载，但可以肯定地说，他把百姓稳定下来了。接着他又回到小清河流域，看到福民河在这场先旱后涝的灾害中，发挥了调节作用，心里很感欣慰。当他来到青州的时候，自然想到为民办实事、说老实话，却在数年前被原青州知府弹劾、后来又被王士俊下狱的事来。他挥毫画了一幅《墨牡丹》题诗道：

　　市上胭脂贱似泥，一文钱买一筐提。
　　李生淡墨如金惜，笑煞丹青手段低。

　　上有所好，下必甚焉。人家"丹青手"就看中"胭脂"，市面胭脂也就走俏起来，多得如泥土了。"李生"偏不理会这一套，独独要惜"墨如金"！这年十月，李方膺还画了一幅《菊石长卷》。可用一个字来品这幅画：逸。不画篱落，极其散漫生动，大有不随人俯仰的自由精神。大概他自己也十分得意，故而题词曰：

　　家龙眠作松石图，二苏题咏至今七百余年，传为世宝。予作菊石图，亦不敢并驱中原。但有好事者借观，须得米五石、酒十斗方许之。时乾隆四年十月十一日也。示霁儿。晴江。

　　这里的"霁儿"，是他去世的二哥李彩升的长子。他在兰山时，可能二哥李方韩之子李霁（字瞻云）跟在身边，正如当年李玉鋐去广东省西宁县，带着大哥玉铉之子李方齐同行一样。这时，李方膺抽空给侄儿画了一幅长卷《菊石图》。

　　就在他们叔侄欣赏李方膺的这幅得意之作时，忽然接到紧急家书，报说李方膺老父、李霁的祖父李玉鋐一病不起，危在旦夕……

　　原来李玉鋐在雍正十二年（1734）病休结束，复任福建省按察使。不到一年，自感体老日衰，实在扛不住繁忙的公务，便乞病致仕了。清高宗雍正驾崩，他很伤心，一直闭门谢客，以表对雍正帝的敬意。同时，这几年他幽居小楼，一边调养身体，一边督促孙辈功课。让老人欢欣的是，乾隆二年孙子李霞（字示中），即李方膺之子，考中秀才入了学，乾隆三年，在顺天府乡试中，三儿方龙和方龙之子李霈（字飞石），又父子同时秋闱中榜。让老人不放心的还是李方膺，虽然眼下李方膺颇得山东巡抚法敏的信任，可是方膺能否从此吃一堑，长一智呢……不料乾隆四年（1739）秋，李玉鋐深感身体大不适，竟一病不起，于十一月溘然去世，享年81岁。父子未能再作一次交谈，这让老人带着遗憾离世，也让李方膺内心深感不安。

父亡，李方膺须在家守孝三年，叫"丁外忧"。按古制，丁忧三年内不得做官，不得婚娶，不得赴宴，不得应考。三年期满叫"服阕"。为官者，居丧期间，如是皇帝或大臣强要他出来工作，才可以破规，这叫"夺情"。这规矩到了明清之际，虽然有些松动，比如《礼记》规定新皇帝守孝要"三年不言"，就是三年不议政。这怎么可能办到？但一般官吏仍然不能越轨。清康熙中，京师曾传诗说"可怜一曲长生殿，断送功名到白头"，就是指诗人赵执信在佟皇后治丧期间，违规听戏曲《长生殿》而被罢官的事。李方膺在家守丧，睡"倚庐"，读父书，修《莒州志》，钻研绘画，会见亲朋好友，事情也是很多的。

乾隆五年（1740），李方膺一来忙于父丧，二来忙于撰写《莒州志》，很少拿起画笔。秋天，李方膺得知自己的《山东水利管窥略》一书在山东刊印，并被分发到各州县，作为治水参考，自然很高兴。但他想到老父再也不能看到这本书了，心里感到格外凄怆。此刻他思绪万千，一语难尽，便拿起笔来，画了一幅梅花立轴，并且题了一首长诗：

我渡大海入空山，空山万树白雪颜。攀藤穿雾登其顶，十围百尺绝等闲。敧者敧，春星皎。横者横，春月晓。拙者拙，神袅袅。枯者枯，光窈窕。形如龙，云夭矫。皮似铁，香飘渺。欲询古梅何年栽？缟衣素冠道士来，自言九岁坐方台，曾经乾坤两劫灰，只见梅谢与梅开，不知春去复春回。牵衣再细问其因，化入寒烟渺无尘。世人不识古梅面，古梅哪识世间人！寻旧梦，泪沾襟。神仙骨，古梅身。是一是二，谁主谁宾？言之津津有味，纵横写之恐不真。

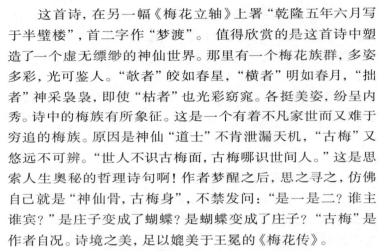

　　这首诗，在另一幅《梅花立轴》上署"乾隆五年六月写于半壁楼"，首二字作"梦渡"。 值得欣赏的是这首诗中塑造了一个虚无缥缈的神仙世界。那里有一个梅花族群，多姿多彩，光可鉴人。"欹者"皎如春星，"横者"明如春月，"拙者"神采袅袅，即使"枯者"也光彩窈窕。各挺美姿，纷呈内秀。诗中的梅族有所象征。这是一个有着不凡家世而又难于穷追的梅族。原因是神仙"道士"不肯泄漏天机，"古梅"又悠远不可辨。"世人不识古梅面，古梅哪识世间人。"这是思索人生奥秘的哲理诗句啊！作者梦醒之后，思之寻之，仿佛自己就是"神仙骨，古梅身"，不禁发问："是一是二？谁主谁宾？"是庄子变成了蝴蝶？是蝴蝶变成了庄子？"古梅"是作者自况。诗境之美，足以媲美于王冕的《梅花传》。

　　李方膺在这期间还创作了一幅《墨松图》，题诗道：

　　　　尺寸枝头着墨浓，全身不见白雪封。
　　　　画家何苦劳心力，指点工人涧底松。

　　这首诗的触发点也可能出于水利著作的出版，由此想到自己在仕途上的努力，却又横遭摧折。白居易这样咏涧底松："有松百尺大十围，生在涧底寒且卑。"这个典故，出自西晋左思的《咏史》诗和初唐王勃的《涧底寒松赋》。左诗云："郁郁涧底松，离离山上苗。"可是"地势使之然"，"英俊沉下僚"。王赋云："惟松之植，于涧于幽。"虽然"冒霜停雪，苍然百丈"，可是"盖用轻则资众，器宏则施寡"，"徒志远而心屈，遂才高而位下"，英俊才高而沉下僚，又只能"嗟英鉴之希遇，保贞容之未缺。攀翠崿而形疲，指丹霄而望绝",李方膺的心事与失志的古人一样郁结。诗中一个"不见白雪封",这一"封"字大概也是埋怨"李广难封"的"封"了。既然丹霄高不可及,伯乐(英鉴)世上难遇,我又何苦白劳心力!故《化书》云:"涧松所以能凌霜者,藏正气也。"我要保持自己的节操,写我的诗,画我的画。我要以"梅花当饭吃"!

这个时期,他把《莒州志》撰结,并写了序言,托人送去莒州府,交给了新任知州彭甲声。从此,他就一门心思钻研绘画了。

改调滕县做知县的李鱓,由于乾隆四年遇上水灾,私开仓廪赈济灾民,被山东新任巡抚硕色撤了职。不久,硕色本人又因这次瞒灾不报被劾,调离了山东。李鱓庆幸硕色调走了,乾隆五年(1740)二月,便来到省城历下,拜见继任巡抚,希望他帮助解决自己的问题。他住在华不注山房,一边等待消息,一边四处转悠,游山玩水,访友作画。一等一年多,仍没有着落。可他在历下看到好友李方膺近年的画作,特别喜欢他的梅花,认为经营位置、用笔布墨很有新意,题诗又意味隽永深长。他为同道的画艺高超而高兴,即兴画了一张《喜上眉梢图》,在画上题道:

滕阳解组,寓居历下四百余日矣。红日当空,清风忽至,秋气爽垲,作喜上眉梢图以自贺。禁庭侍直,不画喜鹊,性爱写梅花,心恶时流庸俗,眼高手生,又不能及古人。近见家晴江梅花,纯乎天趣,元章、补之一辈高品。老夫当退避三舍矣。乾隆六年七月历山顶寓斋记。李鱓。

这段题款的前一半是说自己的经历和艺术上的好恶。后一半,笔锋忽一转,专门议论李方膺的梅花图。说李方膺的梅花图尽得天然之趣,大有宋代杨补之(无咎)和元代王冕(元章)两位历史上画梅高手的水准。杨补之不用墨渍,独用淡墨圈法,铁梢丁橛,清淡胜于傅粉;王元章入山植梅,株茆造梅花屋,所画梅花劲挺精神,都是李方膺崇拜的偶像。扬州八怪这批画家,可以说是历史上文人相亲的楷模。他们相互之间从不拆台。这回李鱓的评语虽然说了自己要"退避三舍"的客气话,但也并不光是恭维。观李方膺这几年的画,确是自出机枢,别开生面。这是和他的艺术修养与人生经验的积累达到一定程度分不开的。这种积累到了一定程度便会发生思想和艺术上的突变。当代有学者认为"这种突变,对于晴江来说,大约在乾隆初年出狱之后"。"乾隆四年,他的父亲去世,接着他的母亲去世,两次服丧,先后六年。这六年,使得他在画艺的精进方面,有了长足的准备。"(丁家桐语)笔者认为,这是李方膺的绘画艺术由觉醒期向成熟期的过渡。

所谓"成熟期",不单是笔墨功夫的精进,而且在艺术理念上有了明确的方向。他说"画家门户终须立"。早几年他明确要"破",现在积足了艺术的底气,终于喊出了要"立"。这个"立",就是立自我,正如石涛所说:"我自发我之肺腑,揭我之须眉。"这就是李方膺艺术思想成熟的标志。

自从经历了人生几次挫折之后,李方膺在绘画上格外勤奋。他说:"天生懒骨无如我,画到梅花便不同。""平生不肯居人后","终年涂抹最精神"。只要一拿起画笔,他精神就抖擞起来了。他拿俸金,却身无余蓄,多用于购买心仪画家的墨迹,得暇便观赏学习。他说,他学画"无常师",其实是转益多师,博采众长。前前后后记录在他画上的"师"就不下数十家。画牡丹、荔枝、雁来红等花果的有"北宋人""白阳山人"(明代陈淳)等。画梅花的有元章(元代王冕)、伯纪(宋代李纲)、"逃禅老人"(宋杨无咎,字补之)、僧华光(杨无咎师)、朱晦翁(宋朱熹,字晦庵)等。画墨竹的有"与可""湖州"(宋代文同)、苏文忠(宋苏轼)、"赵无兴"(元赵子昂)、"息斋"(元李衎)、"仲昭"(明夏昶)

以及"凯之"（晋戴凯之）等。画松树的有"青藤"（明代徐渭）、"郭河阳"（宋郭熙）等。画山水有董北苑（五代董源）等。从题材、笔墨上看，李方膺还有很多的"师"没有在画上写出他们的姓名。李方膺眼中的"师"只求其作品精妙而决不耳食。他曾见有硖石寺僧人竹憨，即灵璧和尚的画，笔墨酣畅淋漓，便学之。见署名"未孩子"画的蔬菜、秋菊，笔墨生动有韵致，也买下来时时观赏、临摹。李方膺到晚年也一直不忘临摹，但越摹仿离前人越远。正如郑板桥所说的"十分学七要抛三，各有灵苗各自探"，李方膺师前人之意而不师前人之迹，做到"一年涂抹一年新"，从而把自己的"灵苗"挖掘出来、表现出来。

李方膺不停地探索，又不停地总结说：

空庭一树影横斜，玉瘦香寒领岁华。解到广平心似铁，古来先已赋梅花。乾隆八年（1743）《梅花图》

又说：

不学元章与补之，庭前老干是吾师。写完瞪目支颐坐，门外雨霜陨雪时。乾隆十一年（1746）《梅花图》

又说：

古干盘根碧玉枝，天机浩荡是吾师。画家门户终须立，不学元章与补之。乾隆十三年（1748）《梅花图》

古人学画所谓"学不师古，如夜行无烛"。摹仿对于初学者确是十分必要的，但是师古不是目的，只是学画的手段，否则舍本就末、舍源就流，难免终为牛后。是故有唐代韩干画马，以内厩之马为师。北宋刘常画花竹，家治园囿，手植花竹，日与造物为友。李方膺以大千造化、浩荡天机为本师，追本涉流，厚积而发，正是他所以能"豪气横行列笔端"的保证。

又说："学画竹者取一枝竹，乘月夜照其影于素壁之上，则竹之真形出矣。"（乾隆六年《墨竹图》）这里指出一个

"真",乃是艺术之真与造化之真的统一。

他说:"玉树迎风占早春,良工不肯画全身。谢家子弟知多少?只数当头一两人。"(雍正十三年《玉兰图》)

又说:"写梅未必合时宜,莫怪花前落墨迟。触目横斜千万朵,赏心只有两三枝。"(《梅花图》)

所见"赏心"的两三枝,画家称为"入画",是用心在千万枝中选出的,又称"得于心"。但要成为笔下的"两三枝",还需画家的过硬手段,这叫"应于手"。诗中说"落墨迟",是指艺心思索,下笔前的准备。

他说:"古人谓竹为写,以其通于书也。故石室先生以书法作画,山谷道人以画法作书,东坡居士则云兼而有之。"(乾隆七年《竹石图》)诗中石室先生即文同,山谷道人即黄庭坚。元代汤垕说:"画梅谓之写梅,画竹谓之写竹,画兰谓之写兰,何哉?盖花卉之至清,画者当以意写之,不在形似耳。"明代徐沁说:"顾文人写竹,原通书法。枝节宜学篆隶,布叶宜学草书,苍苍莽莽,别具一种思致。若不通六书,谬托气胜,正如屠儿舞剑,徒资嗢噱耳。此惟石室、彭城独得三昧。"李鱓说:"正如写竹皆书法,悬腕中锋篆隶然。"郑板桥也说:"山谷写字如画竹,东坡画竹如写字。"这四位的话,正可以作为李方膺这段话的笺注。

他说:画竹之法须画个,画个之法须画破;单披凤尾、双飞紫燕穿插只,经营位置求生新二皆难矣。余读离骚之余,实无常师,稍得生气便止,非娱时人耳目也。(《墨竹图轴》)

这里提到一个"营经位置"的重要理论问题,最早出现于谢赫的《古画品录》。谢赫以"气韵生动"为六法之首。明代谢肇淛则指出:"以气韵为第一,乃赏鉴家言,非画家法也。"气韵生动是画家追求的效果,而作为画家的第一法,当是"经营位置"。李方膺这段话里说的"个""凤尾""紫燕"都是前人画竹叶总结出来的经验,或称为"程式"。

"只"字是语气词,如《诗经·柏舟》云:"母也天只,不谅人只。"李方膺说,画"个"要破掉"个",画"单披凤尾"要同时运用"双飞紫燕",穿插使用才能避免单调刻板。"画个破个","单披凤尾与双飞紫燕穿插"变化无尽,此二者但要在"经营位置"上画出新意,实则不易。"经营位置"用今天的话说就是构思、布局与笔墨的千变万化。其重要性颇关系到立意的新旧、奇正、高低、远近、深浅和雅俗。当以不入时蹊、不落俗套方为上品。至于"生新",乃画家之笔墨追求。既要得生气,又要不老不熟。无生气者则呆而死,老而熟者则俗而油,皆不可取也。

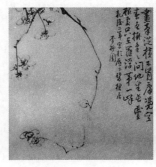 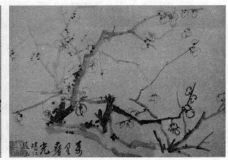

李方膺《梅花图》　　　　李方膺《梅花图册》

二、自古沧州多险阻

乾隆七年(1742),李方膺在家丁外艰快三年了。这期间,他的几位好友也常登门来看望他。梅花楼上时有小叙,来者或慰问或论道或谈画,也甚为欢然融洽。常来之友除了丁有煜之外,这里再介绍三位。

一位是闽人刘南庐。他是丁有煜引见的。其时,丁有煜还住在军山下一个称作团瓢的地方,那是一个草木丰茂、幽美谷静的绝好去处。乾隆初,福建处士刘南庐(名名芳,字可翁）来通，也看中此处胜境，便结茅以居，与丁有煜为邻十载之久。刘南庐先前曾于镇江等地修成《金山志》《焦山志》《宝华山志》等。这次是应邀来通修撰《五山志》的。他与丁有煜同住团瓢，日相过从，时时结伴登军山招鹤崖，赏景联吟。至今军山上有条刘郎路便是后人纪念他的。恰好这几年李方膺丁忧在家，又由于丁有煜的中介，刘南庐也成了李方膺的座上客，常于梅花楼上对榻吟诗，相交十分投契。丁有煜后来患腿疾，举家迁到城南，盖了几间茅屋称双薇园，从此定居下来。刘南庐修完《五山志》二十卷，也迁至如皋雨香庵定居，自号七山外史。然而他们三人之间的友情却日久弥坚。乾隆十五年（1750）刘南庐思念福建福清故乡，先去了金陵。丁有煜写了两首诗为之送行。诗说："送君又上秣陵船，十度空江水拍天。只有故乡如梦寐，武夷山色夕阳前。""白发凄其对别筵，强扶衰病泪如泉。而今交道沦亡日，伐木长吟我自怜。"刘南庐去后，丁有煜十分思念，又写诗寄去。诗云："春风二月草堂西，黄鸟飞鸣绿柳齐。来向城南峰顶望，泪痕长掩夕阳低。"依依之情，溢于老泪之中。这时李方膺在安徽当县令，闻知刘南庐过金陵，也特地赶去金陵一叙，并画了一幅《梅花图轴》送他。图上题诗曰："梅花楼上几经春，对榻吟诗自有神。别后未曾逢驿使，陇头闲折寄何人。"当年在梅花楼上对榻吟诗的欢聚情景，犹在诗人、画家目前，一转眼几年过去未曾谋面，真让人怅然不已。

李方膺还有两位好友是保培源、保培基兄弟俩。哥哥保培源，字岷川，号西岐、艺园等。弟弟保培基，字埜莘，号西垣、岐山、自止、岐庵、四乡居士等。这兄弟俩是蒙古族人，其一世祖是元丞相铁木尔罕的长子元善。元末，元善带兵被朱元璋打败，接受了招抚，明太祖赐姓保。发往通州垦荒。几百年来一支保姓族人安居通州，繁衍后代，并渐渐融入了汉族。这兄弟俩家境殷实，各有田园，又都是读书人，与李堂、丁有煜年纪相仿,且十分投缘,因而时时互相邀聚。李方膺在保氏兄弟面前显然是小弟弟,但兄弟两人很敬重他。于是他们的友谊与日俱增。

保氏兄弟的田园在州城外东北郭犁园北一点,即今日之钟秀乡与秦灶乡交界处(按,今存郭里头地名)。保培源的园基称艺园,旁有大河(可能即今之通吕运河)流过。丁有煜有写艺园环境和主人的诗三首,诗云:"竹树寂无声,百慧生放静。流泉且暂停,老僧方入定。""菊开岸上花,橹摇江上水。来船迎面看,去船背面指。""草笠老田间,后车驾千驷。一卷渭滨书,钓者有深意。"(《题艺园照三首》)大河里淌着长江灌进来的水,船只往来如梭,必是运盐河。保培基的园基称井谷园,地在四面环水的白蓣湾。李堂有诗云:"郊原十里隔人间,学圃阴浓碧沼环。长挟烟云归北苑,却教丝竹忆东山。近情每助吟中兴,散发能容世外闲,独爱老年狂似旧,夜深相语白蓣湾。"(《保西垣招饮管弦度曲》)田园四周"碧沼环",沼,小河沟也。

保氏兄弟都有功名,但不热衷。保培源是贡生,被授州同,不就。在家开西社薇花书阁,集诸名士觞咏其间。不仅通州文人如李堂、丁有煜、刘名芳是他座上常客,而且外地文人如李鱓、郑板桥等来通,也常到他兄弟两人府上小住。乾隆二十五年(1760),郑板桥还曾为艺园留下一块横匾,题道:无数青山拜草庐。并有书画赠予兄弟两人。保培源富书画收藏,又善于辨别前人书画作品及古玩的真伪,因而文界朋友甚多。有请其鉴别的,有上门观其藏品的。他也善吟,著有诗集名《艺园集》。李方膺在通期间,更是互相往来频繁。一日不见,便有思念。保培源有诗云:"何当缩地两相从,共秉梅花楼上烛。"转而又殷殷相邀:"打点雪消过艺园,领略图书共几幅。"(《雪夜题墨竹因怀李莒州晴江》)弟弟保培基曾任嘉兴府丞,刚上任,适海潮泛滥。他全力主

83

张筑堤抢险，事成，深得百姓拥戴。自辞官归里日，又遇乡里水灾，岁饥议赈，他慷慨义捐千金，毫不吝惜。此后长居井谷园，以诗文自娱，著有诗集《西垣集》。保培基与丁有煜、李方膺交往亦甚密。就现有资料看，单乾隆七年（1742）就有多次往来。

"六月"，丁有煜有文说："壬戌六月与自止、艺园及李晴江，作城北井谷园之游。井谷者，四乡居士歧庵之所住也。舟过郭犁桥，离城六七里，腴田美宅，薄柳成阴……"（《薄粥楼说》）艺园、自止，保氏兄弟俩也。弟弟做东，约了有煜、晴江小聚井谷园，也把哥哥艺园招来，自在情理之中。

"秋日"，李方膺有画《竹石图》，题款说："乾隆七年秋日，西垣二兄邀游井谷园。园北隅种竹万竿，青葱峭蒨，与天并色。濯人心腑，岂谓川千亩为户侯计哉！（按，户侯二字上疑漏书一'千'字。此句出明代王世贞《万玉山房记》）归卧梅花楼偶写数个，不知果得风味一二也。"并赋诗题曰："西垣井谷一经过，万玉烟云入梦多。自恨不如王骑使，全家移住竹林阿。"这里"西垣二兄"的"二"，是指保培基在家排行为二。如同郑板桥称李方膺为"李四哥"的"四"一样。

"腊月"，保培基有诗记事，"壬戌腊月四日，雪，期石可道人不至。简此达意。""腊八后四日，又雪，石可道人又不至。再简戏之。"可见，保培基是一而再地盼着丁有煜、李方膺他们上门去。好友不至，大有"一日不见如隔三秋"之感。

这年秋天，李方膺自从井谷园回来，又是画墨竹，又是画墨菊、墨梅，出了不少作品。有梅花册页，题两首诗曰：

幽芳独秀在山林，密雪无端苦见侵。
驿使不来羌管歇，与谁共话岁寒心。
梅花一夜遍南枝，销得骚人几许诗。

>自去何郎无好咏,暗香惟有月明时。

这里的"何郎"是指梁代何逊,任扬州法曹时有咏早梅诗。后调洛阳,忽思扬州早梅,要求调回扬州。刚到任,恰逢梅花盛开。这是一个很美丽的故事。李方膺多次用它作诗材。

又有咏梅、咏菊诗曰:
>天低驿路岭梅疏,静裹寒香触思多。
>欲起补之图景看,灞桥风雪自骑驴。
>走墨漓漓春与秋,感怀往事我悠悠。
>冒霜黄菊陶彭泽,卧雪梅花李邺侯。

上篇的补之即前面提到的北宋画梅高手"逃禅老人"杨无咎。杨无咎画的梅传到宋徽宗赵佶面前,赵佶不屑,说:"村梅耳!"这正是审美观不同,其趣也大相径庭。后首咏梅、菊,古称菊为隐佚山林的君子,故称陶渊明;梅乃择明时而出的君子,故引唐相李泌。

转眼到了十月,李方膺丁父艰脱服了。适季秋之月,菊有黄花。梅花楼的院落里,墙边、屋角、盆中的菊花依次开放。李方膺择晴日,约了丁有煜、保氏兄弟、刘南庐等同人小饮于梅花楼。丁有煜近来关节炎日渐严重,反而早早赶到了。他还未进门就大喊起来:"晴江,晴江!我来了。"一进门又见遍地黄花,心中欢喜,便说:"今日晴江要办菊花筵了!"

李方膺把丁有煜接上梅花楼,两人先喝起茶来。丁有煜看到李方膺的近作,说:"好个'灞桥风雪'。万物有先天,这是野梅、村梅!好个'画竹谓之写'。真是意足不求颜色似,前身相马九方皋呵!"两人一讨论起画来,谈兴就更浓了。李方膺则说:"写意写意,仍要求形神兼备才得活泼。活则出神也。"这番话丁有煜听了点头表示赞赏。

两人正说话间,保氏兄弟乘着小船到了。刘南庐坐着木轮小车也来了……这天，大家在梅花楼上既看画、作画，又写诗，十分热闹。直至"杯饯菊残"、酒酣耳热之时，大家仍然"款洽依依"，不愿散去。特别是李方膺与丁有煜，犹觉日光短促，未能尽兴。李方膺手臂挥起来说："何日作十日饮，一如秦昭王相约于平原君。我侪也办一次书画小集，如何？"丁有煜说："何妨不能。就今菊香时节，便有一个大好机会。"原来本月中旬，学政依照科举考试制度，要"按临"通州，这场每年要举行的考试，通州士子和通属泰兴、如皋的文士都得聚集到通州来参加。大家听了顿悟，拍手称善。有的说，何不就中选邀会画的名士、善诗的文人一聚！有的说，古人有兰亭修禊、西园雅集，皆令我辈神往不已。我辈何不也办一画会！甚至有人分析说，通州知州雅爱艺文，与在座诸公又都有交往，当不会反对。大家又认为这话有道理。确实通州知州王师旦与诸文人关系甚好，可惜李方膺等人的诗集未能完整保存下来，无从查考，但就丁有煜诗集中即可见《题牡丹赠王太尊》一诗，诗曰："金谷园中斗晚霞，绿衣丹粉闹繁华。江城旱潦伤禾稼，为写回天谷雨花。""太尊"是清代对知州的尊称。"王太尊"即指知州王师旦。诗意很切合一州首脑的身份。由诗可见两人的交往。如斯分析，当下大家更来劲了。邀请哪些人呢？要选擅长"画腹（书画）撚须（吟诗）绘色（载舞）绘声（载歌）"的人，"因数某某为皋、泰（如皋、泰兴）名流，某某为五山（通州）秀士"。地点放何处呢？要"择地于毂击肩摩山林城市之中"，地点既要有人来车往的热闹，又要能闹中取静。大家一合计，城西百客堂菜馆最佳。而且其"堂广而开敞，可列坐数十辈。茗碗酒旗，楚楚有致"。要在大门口再竖一面旗帜，上书"卖画"二字。届时，知道的固然会来相聚，即使不知道的，一看这字样也会来一聚。时间从哪天开始呢？本月下旬的第一天。既叫书画小集，得有个名称。不知何人念道："何年顾虎头，满壁画沧洲。"就借用杜甫这句诗里的"沧洲"二字,叫"沧洲画会"。老杜原诗名《题玄武禅师屋壁》,写于四川梓州深山一古刹中。"顾虎头"是六朝三大画家之首的顾恺之,字长康,小字虎头。无锡人。曾于江南瓦棺寺墙壁画人物,三年不点睛,一旦点睛则神采飞扬。是谓:"传神写照,尽在阿堵中。"杜诗中的"沧洲"只是借用滨水隐地代指深山寺院。画会由谁牵头呢?自然是我们的"李莒州"李方膺了。由李方膺折柬,邀约各地才俊名流,与时"携笔砚图书,牙签锦轴,相随而至"。李方膺随后即找来百客堂主人,说明主意。堂主人听了一口应承,保证到时扫地布席,一应俱备,包诸公满意。李方膺又让侄子、治印能手李瞻云刻好一方"沧洲大会"的闲章,备用。就在这万事准备就绪,大家企盼着良辰到来之时,忽然传来消息:画会中止。问其原因,初不可得。后来才知道,原来是"见疑于主人西席"。丁有煜在记载筹备这次活动情况的《沧洲会说》中,最后一句用了这个"疑"字,特别精确。"西席"者就是学政大人。在文字狱盛行的清初,学政别具鹰的眼睛、狗的鼻子,视觉和嗅觉神经特别敏感。皇帝给学政的权力又大,不管官阶大小,在位即平行于督、抚。他要对你一"见疑",岂能不战战兢兢。乾隆年间刘墉就是一例。东台(今南通如东县掘港)徐述夔一案,从县到扬州知州到江宁布政使,一级级都看过案卷,发现原告明显挟嫌,准备放一放,缓一缓。偏偏就是他,时任江苏学政的刘墉给皇帝上了一本,就造成了清代三大文字狱之一的惊天大案。不仅许多大小官员落马、被杀,而且还株连了无数读书人。

所幸这次画会预先得到"主人"王知州的通知,赶紧叫停了。这样,学政也就无把柄可抓了。事后李方膺写了两首诗,也可见当时的情势。诗曰:

自古沧州多险阻,几时笛管许梅花。

案前幸有玲珑月，长照春秋万物华。
露压烟低未有涯，通州城外夕阳斜。
饶他虎口浑是胆，依旧风中一叶槎。

"沧州"在今河北省东南，靠近山东省。李方膺只是借"沧州"暗寓"沧洲"，说"沧洲画会"受到阻拦。他明白，对这种阻拦是抗衡不得的。即使有虎口拔牙的胆，在学政"见疑"之下，如要对抗，那只能是风浪中一叶小舟，随时都会被掀翻的。

李方膺《墨竹图》

李方膺《松树图》

三、暗中顾影自怜才

乾隆七年（1742），刚办完父丧脱服的事，李方膺见母亲又病倒了，便决定乞养老母继续家居。这年十一月，沧洲画会的小风波刚过去，李方膺心情郁塞，便展纸画了一幅松树图，松树挺拔遒劲如苍龙横空，并题诗一首：

写此虬枝感独深，六朝遗树隐孤岑。

一时清墨凭毫素，已作空山万古心。

落款后，李方膺还特地在画上盖上了"沧洲大会"的印章。似乎对十月画会的流产，既惋惜又耿耿于怀。诗里说，六朝留下的名树只能隐居在孤寂的小山上，满腔心事仿佛也已经枯竭。这分明是有感于时日的虚度与处境的不容作为。

此后不久，李方膺又作《竹石梅花图》，题辞中也流露了同样心情。诗曰：

烟锁空山晓未开，暗中顾影自怜才。

岁寒标格不可掩，消息已从天上来。

冰雪寒天阳气转，幽香飞动老龙鳞。

平生不肯居人后，十月严霜占得春。

诗中说梅竹既生空山，又遭烟锁，更遇冰雪严霜，唯有"顾影自怜"。但这两首诗中还说，任天寒地冻，其清标品格不泯，冰姿幽香不减。阳和消息自会天降，平生决不落后于人，又表达了自信与不屈的精神。

大约在乾隆八年（1743）初，李方膺母亲也病故了。按照封建社会的孝道，母丧，同样要守孝三年，称丁内艰。李方膺说："解到广平心似铁，古来先已赋梅花。"有充裕的时间，干脆静下心来画梅花，当然不单纯是画梅花。李方膺还擅长画动物。画鱼故是他的拿手，他还画过牛，这年又画有《双鹿齐鸣图》，双鹿呦呦，依依相偎，十分可爱。又画有《竹鹤图》，绿竹萧萧，白鹤唳天，也很生动。

乾隆九年（1744）秋，李鱓来到通州，可能是来卖画的，落脚于狼山广教禅院，一直住到次年开春才回去。他在五山禅室留下了《映雪图》《柳燕图》等作品。得暇，自然要抽空下山看望好友。他一到梅花楼，得知李方膺母亲相继李玉鋐去世，也很嘘唏。李鱓朋友中失去了李玉鋐，幸好李堂尚健、丁有煜等都在。李方膺招他们连同保家兄弟前来，与李鱓一叙。大家多年不见，又感慨了一通。李鱓和李方膺的性格相近，很外露。三杯小酒下肚，自然要说起"滕阳解组"的不平。李方膺同感地说，若自己遭此不平，便拿梅花当饭吃！李鱓听后笑了，他又说起乾隆六年（1741）在山东曾见到晴江画的墨梅，觉得大有天趣。丁有煜也赞成此说，认为晴江的画已经自有面目。也许保氏兄弟和李鱓是初次见面，便邀李鱓下次来通州到他们家小住。李鱓很乐意。当下李鱓就在李方膺家中为画友作画。其中留存下来一张"为岷翁学长兄"作的兰花扇面，就是赠送给保培源的。岷翁者，保培源字岷川也，这是尊称。据说，南通私家目前还藏有乾隆九年（1744）秋日李鱓作于"崇川天真精舍"赠"岷翁"的《促织团扇图》和"乾隆十年（1745）春写奉艺园大兄"的《墨竹图》。（据邱丰著《南通地方书画人名录·附录三》）

座中李堂可能年岁最长，大家很敬重他。他回忆起往事未免颇多伤感。但他对"昭阳兄弟"李鱓和"小阮"李方膺两人在为官时所遭遇的周折，也深表不平。他称赞两人宁折不弯的忠直品格。席间，也许他还提及明代通州周臣的故事。周臣，字元弼，官至顺天府推官，敢忤阉党刘瑾，宁可烈日下跪死，也不低头。死后谥忠介。忠介者，忠诚耿直之谓也。通人建有周忠介祠。李堂有诗称他"尚有先生在，重闻正气歌。不甘林下老，留骨壮山阿"（《题周忠介祠》）。李堂的思想也影响了李方膺。这次聚会结束不久，李方膺就画了一幅《墨竹图》，落款说："乾隆甲子（1744）秋月（画）于梅花楼并书周忠介句。"所书周臣诗曰：

老老苍苍竹一竿，长年风雨不知寒。
承教直节凌霄去，任尔时人仰面看。

这诗前两句说，不畏风雨不知寒，可谓耿耿忠心。后两句说，一意向上不弯腰，可谓耿直不阿。确是诗如其人。

李方膺和李鱓堪称"狂奴故态"，性格狂、诗狂，画亦狂,狂奴故态不可改。这两人一相遇,惺惺相惜,互相补充,互相激荡,往往产生出思想的火花。这次李鱓在通州一住几个月,想必交流何止这一次。可以想见,李鱓给李方膺的影响也是不小的。下面有两幅画很能说明问题。

一是乾隆十年正月,李方膺在梅花楼上用淡墨画老梅干,作了一幅《梅花图轴》,题了如下一首诗,曰:

逢人道我是狂夫,成得狂夫便是吾。
只想梅花当饭吃,广平一字一鸦涂。

什么是狂?苏东坡说:"我自疏狂异趣。"有异趣者方能狂。简单地说,这是李方膺在艺术创作上的自信。表明他李方膺不甘居人后,而要自标风骨,自树性灵。诗中的"当饭吃"一语是用通州方言俗语入诗,往往指选择不实惠的事作自己的终生职业。这词用在这里很生动,表明李方膺认定一条道走到底,要像宋广平那样,爱梅、画梅,矢志不渝。宋广平,即唐代开元中兴名相宋璟,著有《梅花赋》云:"或憔悴若灵均,或欹傲若曼倩,或妩媚若文君,或轻盈若飞燕。""其贞心不改,是则可取也已。"颇受后人如宋代李纲等推重,并称赞严肃宰相也能写出如此秀丽婉约的文字来。这里,李方膺说到狂,想到宋广平,也显示了他对历史上能臣的折服。

二是四月,李方膺画了一幅《风松图轴》。画面上黑云塞空,狂风大作,两棵挺拔的松树,枝枝叶叶被风摧折已如曲铁,而主干仍然傲然屹立。以上两幅画,一幅明言狂,一幅暗寓摧折,多么吻合两人的性格和遭遇。

这年春夏之交,长江下游多风雨。大风大雨无情地摧折草木,摧折穷人屋上三重茅。李方膺不仅触发了自己遭遇摧折的联想,画出了《风松图》,而且他还看到了农人遭到的摧折。端午前二日,他作了一幅《钟馗图》,这可不是传统的面目丑恶,却心地善良,专事驱邪捉鬼,为民保平安的钟

进士,而是一个生着慈眉模样,头顶乌纱帽,腰佩手板和大蒜,还有一大吊青钱,手里撑一把破雨伞的"钟馗"。题诗是:

> 节近端阳大雨风,登场二麦卧泥中。
> 钟馗尚有闲钱用,到底人穷鬼不穷。

这明显是一个不顾百姓死活的贪官形象,不是人,是鬼。画法前无古人,寓意完全出新。

端午节那天,李方膺又画了一幅《钟馗图》。钟馗腰里挂的青钱不但不见减少,而且还别上了一个装满时鲜水果的大竹篮,篮子外面还吊着一条大活鱼——这些都是民脂民膏吧!钟馗把手板高高举起,表示他在执行"公务",而又用大袍袖把脸全遮了起来,实际上这是一张不能见人的鬼脸。这是一幅多么生动的漫画呵,讽刺得又是多么深刻呵!

转眼李方膺守母孝已到了第三个年头。在整理旧物的时候,李方膺发现了十七年前随父在福建漳州画的一幅《三代耕田图》。他轻轻打开图画时,手也有些抖了。他看着图上,站在田头的老者是他父亲,扶犁耕田的是他自己,放牛的是他儿子。如今双亲都不在了,物是人非,可父亲当年的音容笑貌好像仍然在眼前,往事一幕幕依旧在记忆中。他心中无限感慨,不禁潸然泪下。李方膺重温着父亲当年"半业农田半业儒"的叮嘱,这是要子孙务农时不废读书治学;业儒时不忘农为生灵之本……他拿起笔,在图上一行行写下了当时的情感。

> 披开不禁泪痕枯,辗转伤心辗转孤。
> 十七年前漳海署,老亲命我作斯图。
>
> 半业农田半业儒,自来家法有规模。
> 耳边犹听呼龙角,早起牵牛下绿芜。

老父初心寄此图，教儿从幼怕歧途。
诸孙八九开蒙学，东作提筐送饭无？

父子衔恩遭际殊，涿州分路泪如珠。
谆谆农事生灵本，三代耕图记得无？

　　第一首写打开斯图的伤心情感和创作斯图的原委。第二首说的是家法和少年时期的生活。第三首回忆老父要子孙走正路的教诲。最后一首说到当年父子得到雍正帝的特殊眷顾，在河北涿州分手时，老父反反复复的叮咛、教导犹在耳边。

　　李方膺反复温习了老父的教诲，决定等丁母艰的丧服脱了，把霞儿的婚事办了，自己还是选择继续走"业儒"的道路，准备来年开春北上谒选。他在家画了一幅《松树图》题诗寄托他此刻的心情。诗曰：

一松磊砢俯山椒，长伴幽人守寂寥。
只恐风云来旦晚，龙鳞生就欲腾霄。

　　早晚风起云涌，青龙要重新冲天而起。

李方膺《钟馗图》

李方膺《墨鱼图》

四、直上天河到九阍

乾隆十一年（1746）二、三月里，大地春和，紫燕始飞。亲朋故旧都知道李方膺又要出远门，晋京谒选了。这六年，李方膺虽然是为守孝而居家，但好友也多了欣然相聚的机会。六年来，好友互相慰问，互相切磋，友谊弥坚，情同手足。现在为了前程和生计又要分手了，真叫人依依难舍。挚友小聚饯行，朋友都有赠诗。丁有煜即席写了两首，诗曰：

且共故人饮，眼中恣品题。
小堂春宴宴，穷巷草萋萋。
路滑君骑马，云深我杖藜。
此情胡究竟，心与雁行低。

操瑟齐门后，低眉我自嘲。
卖文一活计，束发几贫交。
胜日啼黄鸟，荒蹊卷白茆。
何当更离别，孤梦若为抛。

诗中充满了惜别之情。可能这几年里，丁有煜因腿疾，已居住到城南短草巷的双薇园了。上首诗说，我喝了点酒，不妨放肆地扯几句。今日梅花楼里，堂上话谊，春意融洽，我双薇园的草巷里也春草青青。雾天雨天我有手杖撑持，你外出做官路上可要小心。从今别后，我会思念你，我的心将会随君而远飞。下首诗说，你在山东的政绩，让我既高兴又惭愧。我只像杜甫说的那样卖文为活，却与少年时代的你就成了好朋友。今日多好的春光，君却像《诗经·黄鸟》篇里唱的，人适异地，不得其乐。从此短草巷里无人来，要长茅草了。想必别后，我会时时梦见你的。丁有煜诗中一席深情的肺腑言，说得四座寂静无声。

这些天，李方膺在家又乘空画了几幅画。其中一幅是

《风雨芭蕉图》，题诗道：

　　　　偶写芭蕉三两棵，墨涛飞处雨风多。
　　　　叮咛莫伴行人旅，勾引秋声奈夜何。

　　诗里说，希望这次"行人"外出，千万不要再"伴"上"风雨"。这是李方膺从心底里发出的一个祈求。他离开官场六年了，一旦又要去从政，心里对过去所经历的风险还是有所畏惧和忧虑的。

　　烟花三月，李方膺先北上来到如皋城里，看望了他的一位亲戚。亲戚年纪大了，李方膺称他的儿子为"姻侄"。看来这位青年人和李方膺的感情很亲密。李方膺还画了一幅《墨竹扇面》给他，并在扇面上题了这样一首诗，吩咐他好好照应两位老人。诗曰：

　　　　一日思君十二时，雉城握别意迟迟。
　　　　遥知映雪堂前竹，日报平安慰老慈。

　　四月，李方膺乘公车到了广陵，天色已暗，住进客舍。在客店他留下了两幅《墨梅图》，一幅题诗道：

　　　　雪晴三日未全消，晓起寻梅过断桥。
　　　　天地亦知工笔墨，峭崖斑白点疏条。

　　又一幅题道：

　　　　天生懒骨无如我，画到梅花便不同。
　　　　最爱冰枝长且直，不知屈曲向春风。

　　落款署"晴江写于广陵客舍"。

　　不日，李方膺向扬州城内进发，住进杏园。正是春和景明、二十四桥柳色如烟之时，李方膺心情很好。他在杏园留下一幅《墨鱼图轴》，题诗道：

　　　　风翻雷吼动乾坤，直上天河上九阍。
　　　　不是闲鳞争暖浪，纷纷凡骨过龙门。

　　鲤鱼要去的地方是设有九重大门的天帝所居的宫殿。凡骨不平凡，风翻雷吼，搅得惊天动地，岂是等闲之辈。好大的气魄!

五月,李方膺到了山东莒州。莒州的新官、故旧都欢迎他,要他住进"莒州旧治"内,并且诚意留他多住几天,以叙别情。李方膺又在莒州接连画了几幅《墨鱼图轴》。

一幅题:
  溪底鲨鱼满尺无,涓涓滴水易成枯。
  要从海里掀天浪,锦鬣金鳞入画图。

一幅题:
  赠我黄河二尺鱼,情怀胜读十年书。
  桃花春暖连天浪,雷起涛扬任卷舒。

一幅题:
  雕虫小技等于樗,知己难逢只自知。
  记得遍交天下士,归来外舍叹无鱼。

一幅题:
  失水神龙蚁亦狂,风云有会变无方。
  夜吹雪浪摇星斗,晓涌清波浴太阳。

一幅题:
  濠上洋洋乐自知,轻蘩乱荇影参差。
  谁将锦鬣收图画,不藉渔人理钓丝。

有的咏怀述志,不愿偷生于涓滴车辙积水之中,要去"夜吹雪浪""晓涌清波","雷起涛扬"的海里"掀天浪";有的叙友情,感怀真情宝贵,世上"知己难逢"。

告别了莒州的旧友新交,李方膺又来到历下,住进城西如意馆。他在历下又画了几幅《墨梅图轴》。一幅题了两句诗:
  买山须访林君复,借斋何妨学子猷。

宋有林君复隐孤山须有梅,晋有王徽之借别人屋住也不忘命人栽竹。买山也好,借斋也好,不可一日与梅竹相离。隐则点缀冰花,补苴玉树,自甘淡泊;出则拂云清霾,高节虚心,泽及于民。

另一幅画上题了两首诗：

　　　　谁把江南万斛春，寄怀篱落便怡神。
　　　　梅花楼上三千竿，一线阳和不让人。

　　　　天不严寒岁不春，梅花遭际更精神。
　　　　洛阳桥畔吕文穆，惆怅东风笑路人。

　　前一首说，这次谒选从政，但不会放弃画梅，笔底阳和气，能叫梅花开。后一首说，既然做官，仍然要秉公直言，即使遭际多舛也在所不辞。北宋初两朝宰相吕蒙正就是榜样，有次正当宋太祖扬扬得意于京城市井繁华时，吕相不管皇帝高兴不高兴，马上提醒说："城外多有冻饿死者。"弄得皇帝下不了台。

　　李方膺在山东过了夏天，天一凉便又乘车北上。八月里来到京城，住进南城的"米市梧桐（按，即胡同）"。这里也是吏部办公的所在地。他即刻到吏部投了全帖，报了到，然后除拜访京中一些名人之外，空下来便画画。中秋时节的京城，早晨起来已见霜花了，冷空气袭来还会飘起雪花。李方膺自然会想到傲霜的菊和不怕冷的梅。他画了一幅《墨梅图轴》，题诗道：

　　　　不学元章与补之，庭前老干是吾师。
　　　　写完瞪目支颐看，门外雨霜陨雪时。

　　他画完了墨梅，掷笔还在瞪目望着门外雨雪中的梅树"老干"。传移摹写，只因造化是师。

　　他又画了一幅《秋色图轴》，题诗道：

　　　　浓艳秋芳色色华，新霜一夜落半沙。
　　　　不知谁是撑持骨，晓起临池画菊花。

　　他赞美了浓艳菊花在新霜中的"撑持"精神。

　　古代晋谒候选，不是到吏部一报到就能立马得到派任的。有的要等上整年也不会有消息。有时还得拜托某位王公大臣出来说句话。李鱓在乾隆二年得复职任临淄知县，就

画家门户终须立

97

曾找了慎郡王说了句话。李方膺好在不是被罢官回去的,而是请假守孝的,现在销了假也得等。在等待消息的日子里,出现企盼、焦虑等复杂的心情也是自然的。也许是住在米市胡同不知要等多长时间,李方膺索性搬出来,住到寺庙里去了。他在那里定定神神地钻研绘画,钻研梅花的各种风姿,一口气画了十幅,画出了梅花的十种神态。并且在画上题了十首诗,写出这一路来京的所见所闻所感。诗曰:

其一　馆阁成尘事已涸,我来僧舍画梅条。
　　　扬州明月年年在,收拾春风廿四桥。

这里的"馆阁成尘"当有所指,可能说谋事不顺。此幅《古缘萃录》主人评曰:"老干屈蟠,一枝冷淡。"

其二　此幅春梅另一般,并无曲笔要人看。
　　　画家不解随时俗,直气横行翰墨端。

时人多喜"曲笔"画梅,那才是真正的俗。画家说他不理会,"直气横行"是他的真性。此幅《古缘萃录》主人评曰:"花放枝梢,疏落有致。"

其三　相门才子清人骨,索写梅花意气雄。
　　　不是孤山林处士,调羹鼎鼐旧家风。

画家报了自家"相门才子"的身世和积极用世的家风。不是林和靖辈清闲之人,而是可供官家"调羹鼎鼐"的实用之才。此幅《古缘萃录》主人评曰:"一枝清挺,花意肥绽。"

其四　知己难逢自古来,雕虫小技应尘埃。
　　　扬州风雅如何逊,瘦蕊千千笑口开。

知己是梅花,梅花遇知己。此幅《古缘萃录》主人评曰:"一枝倒插,花掇三五。"

其五　梅花此日未生芽,旋转乾坤属画家。
　　　笔底春风挥不尽,东涂西抹总开花。

不到季节花不开,却在画家笔下开。此幅《古缘萃录》主人评曰:"两枝繁花,高简无匹。"

其六　瘦蕊寒枝远俗生,终朝图画最怡神。
　　　　　谁知山泽臞儒骨,担得江南万斛春。
　　画家说,梅骨清瘦,但万斛春光能担当。此幅《古缘萃录》主人评曰:"古干弯回,疏花零落。"
　　其七　墨痕浓淡总风流,玉质冰肌莫与俦。
　　　　　吩咐君家双白鹤,夜来不许宿枝头。
　　此幅《古缘萃录》主人评曰:"柔枝疏落,花亦简淡。"
　　其八　微雪初消月半池,篱边遥见两三枝。
　　　　　清香传得天心在,未许寻常草木知。
　　此幅《古缘萃录》主人评曰:"一枝挺上,淡远有神。"
　　其九　江南燕北路参差,好友难堪话别时。
　　　　　春到不愁无驿使,梅花自古慰相思。
　　身从江南来到燕北,诗境也从扬州写到都门。此幅《古缘萃录》主人评曰:"数枝写意,笔气纵横。"
　　其十　偶想元章换米时,五都市上亦矜奇。
　　　　　不知曾遇林君复?分明南枝与北枝。
　　林和靖,宋代人,以咏梅诗而著名。王冕,元代人,以画梅而著名。可谓同属庾岭客、罗浮仙。虽然"南枝横斜北枝好"(王冕句),可是南枝开后北枝才开,不同时,焉能相遇?李公拿古人开玩笑,若相遇,秦琼亦可战关羽矣。自然,如视做比喻,假设王冕和林和靖生活在同一时代、同一地方,有此相遇,两人又会作何感慨呢?此幅《古缘萃录》主人评曰:"秃干粗枝,梅老笔老。"(按,以上《古缘萃录》评语转引自王凤珠、周积寅编著《扬州八怪书画年表》。)
　　十幅梅,一幅一花姿,一幅一品格,一幅一位置。有"古干",有"柔枝",有"一枝",有"两枝",有"数枝",有"清挺",有"屈蟠",有"弯回",有"倒插",有"秃干",有"繁花",有"肥绽",有"简淡"……
　　李方膺一路北上一路画,从此亦官亦画两不误。

第六章　收拾春光又重来

一、潇洒风流属仙官

终于等到吏部的消息了，李方膺被派往安徽任用。他到当时的安徽省省会安庆府报到，随即被发往安庆郡的潜山县任知县。

乾隆十二年（1747）初春，李方膺的潜山县宰的板凳还没坐热，又被派往滁州，据《安徽通志》载，这回是"权署知州"职务。

李方膺从安庆乘船沿江东下至江宁，准备顺道结识一个人——江宁县知县袁枚。袁枚，字子才，号简斋，又号存斋，少有才名。康熙五十五年（1716）生，比李方膺小十九岁。乾隆三年（1738），袁枚中进士，两年后外放任县令，先后任溧阳、江浦、沭阳、江宁知县至乾隆十三年（1748）。此时，李方膺为何要去会一会袁枚？其中原因之一，可能是安徽官场有很多袁枚的朋友，如郑时庆后为安庆太守，又如庄经畲、王名标、张开士等，都是知县。他们与李方膺相处时间虽不长，但气味极其投合，或会建议李方膺此次顺路在江宁小停，去江宁府会一会袁才子。而对李方膺本人来说，或早听保氏兄弟说起过袁枚的才气，也十分乐意结识这位文学才子。这就叫惺惺相惜。此刻,袁枚对仕途已觉得很厌倦。他在乾隆十年(1745)写的《俗吏篇》诗中说:"古来作吏俗而已","三年没阶趋下风,九转成丹拜跪工。金鸡初鸣出门去,夕阳来下牛羊同"。这次李方膺来相见,两人虽是初会,但一见倾心,谈得十分投契。一个自称是"古之狂人",一个亦自称"我心多疏狂"。李方膺的直爽性格袁枚很欣赏,袁枚的文学要直诉性灵的主张李方膺很赞同。说到仕途上的事,李方膺颇感慨太守一关尤为艰难。袁枚听了狂劲也上来了,说:"这叫花开官署枝枝倦呵!一官奔走空皮骨,万事艰难闵岁华。李公,你我都在为大官作奴耳。"袁枚这期间思考颇多,以上袁枚的谈话,笔者也都引自他同时期的诗、文、书信。他还认为,报国也不限于做官一途。他说,"功业报国,文章亦报国","但使有鸿丽辨达之作,踔绝古今,亦未必非邦家之光"。李方膺听了觉得袁子才年纪虽轻但思想深沉。他颔首认同。他在此后不久写的题画诗里也流露了这样的思想:"手板迎官二十春,罗浮无梦到风尘。簿书哪得琼瑶屑,怎教梅花不笑人?"簿书是代指衙门里的公差事务。他说这些忙忙碌碌的琐事,连琼瑶的碎屑都不值。不过眼下他只是借梅花寄托对簿书的厌烦,还不能马上弃官归田。袁枚说:"一旦放华山,此身为我有。"李方膺也在诗里说:"画到梅花不让人","闲拈笔墨最怡神"。他们两人目前都在诗文里追求个性的自由。

　　只是,此刻袁枚已做好回归林泉的思想准备,次年他便辞官归隐了,而李方膺还要在官场扑腾几年。因此袁枚在后来回忆他们初次会面的情景时说:"君言我爱听,我言君亦喜。"又说:"吾友李晴江初见吾于江宁之官署,吾喜;及之官滁州,吾悲。"一个早觉悟,一个迟觉悟,最后将同归一途。

　　李方膺辞别袁枚,奔滁州而去。

滁州是直隶州，下辖全椒、来安两县，有些像当时的通州（当时通州下辖如皋、泰兴两县）。然而滁州名气可很大，古为兵家必争之要隘，又为欧阳修创作千古绝唱《醉翁亭记》的地方。欧公于北宋庆历五年（1045）被贬至滁州，心情郁闷，移情于诗酒山水之间。滁州山灵水秀，"野芳发而幽香，佳木秀而繁阴，风霜高洁，水落石出"，四时景物，晦明朝暮，各各相异，十分诱人。李方膺赶到滁州先不问政，而问："欧公手植梅在何处？"知者答曰："在醉翁亭。"李方膺便吩咐赶紧备车，向醉翁亭而去。欧阳修云："环滁皆山也，其西南诸峰，林壑尤美。"醉翁亭即在其间。时值初春，空山雪消，一路"不知溪源来远近，但见流出山中花"。李方膺在车上看着琅琊山色，一边与同行者吟诵起欧公《游琅琊山》的诗句："南山一尺雪，雪尽山苍然。涧谷深自暖，梅花应已繁。使君厌骑从，车马留山前。行歌招野叟，共步青林间。长松得高荫，磐石堪醉眠。止乐听山鸟，携琴写幽泉。爱之欲忘返，但苦世俗牵……"他见山涧里的汩汩溪水不时流出花瓣来，一心欲见欧公梅的愿望变得更加迫切。

李方膺访得醉翁亭遗址，即"展谒欧公遗像"，旋即寻访欧公亲手所植古梅。当人指点出那棵古梅时，李方膺见那活了七百多年的老梅树，树根盘剥，枝干遒劲，树上梅花星星点点，正争相绽放，即刻想起何逊回扬州恰遇梅花盛开的故事，不禁大喜欲狂。他忙唤人于树下铺上氈毹，然后倒身便拜，口里喃喃道："我即何郎！何郎即我！知我者梅也！知我者欧公也！"他在树下徘徊踯躅，良久不忍离去。他见这棵老梅经历了宋金元明的历史风雨而存活下来，好像另有所发现，又喃喃道："梅古半无花呵！"据清代杨廷所撰《一经堂诗话》记载：李方膺为政之暇还常"命校官延郡中文学之士"，或聚于醉翁亭，或聚于署中，相与纵谈"欧公文章政事"。他心仪欧阳修为官时所提出的"务农节用"的主张。他向往欧阳修举贤荐才的功绩。他钦佩欧阳修在文学上的改革主张和所取得的成就。他还赞同欧阳修对唐五代历史人物的评价。谈得兴起时便进酒一杯。酒助谈兴，未免手舞足蹈，起坐喧哗。有人指着滁州西边的清流关，说起后周大将赵匡胤带兵攻打南唐的故事，守将皇甫晖、姚凤不堪一击，临阵而溃，两人也在阵前被生擒活捉。李方膺听了端起酒杯先沉吟道："天下已定，一夫夜呼，乱者四起。"原来他背的是欧公《伶官传序》里的句子。"一夫"就是指皇甫晖。当年他在后唐魏王军中充一下级军官，驻守贝州。他目无军纪，彻夜狂赌，输了之后便纵兵大掠，杀上司、逼上司作乱，以致煽动起邢州、沧州的守军相继叛乱。后唐庄宗李存勖被逼仓皇出逃，又被乱箭射杀。从此中原大乱。而皇甫晖等人后来则改弦易主，投奔了南唐。在南唐，皇甫晖混到奉化节度使，姚凤为常州团练使。公元955年，奉命守清流关，刚闻周兵出动，便惊慌退入滁州城内……李方膺有了酒意，血气上涌，一边赞赏欧公对历史人物李存勖的总结："忧劳可以兴国，逸豫可以亡身。""祸患常积于忽微，而智勇多困于所溺"，此盛衰之理也。一边又破口怒骂皇甫晖、姚凤道："赌徒匹夫！无义无能之鼠辈！如之何委以守关保国之责！"李方膺性通脱不羁，酒酣而说古道今，不免慷慨自负，席间"脱帽露顶，拍手大叫，不自知其为长官也"。

有人见新来的李太尊酒后话多，怕他再说下去会弄出什么违碍的话，就转换个话题说李方膺的才艺如何超群，问他今后政务一忙可有工夫继续画下去。李方膺说，今晚即为诸公每人作画一幅。大家听了大喜过望，一哄而起，拥着李方膺回到署中，研墨的研墨，伸纸的伸纸……好像李方膺作画的兴致也像今人"往往醉后"。他醺醺然当众一挥而就，给每人绘赠一柄扇面，幅幅"泼墨淋漓，生气拂拂"。人人都十分珍爱。

新官上任三把火。李方膺到滁州任上还是想办些实事的。这年他留下的画明显比常年少,可能精力主要还是放在公务上。不过知府给他在滁州的时间还不到一年,因而除了日常政务之外,也很难做出其他大的建树。这一年里,他还画了一些《花鸟册页》《墨竹图》之类的作品。有一幅《墨梅图》和一幅《墨菊图》上的题诗值得一说。

《墨梅图》题:

　　画家胆大便成材,收拾春光信笔来。
　　不肯依山循水傍,冰枝玉蕊自天开。

《墨菊图》题:

　　江南九月晚霜浓,秋色凝眸画满胸。
　　不解化工新样巧,黄罗伞盖玉芙蓉。

前一首云:"画家胆大便成材,收拾春光信笔来。"可以看出李方膺对于重返仕途又同时作画都充满了信心。后一首署作于"滁阳西庐梅花楼"。诗里说:"秋色凝眸""黄罗伞盖玉芙蓉",从李方膺眼中摄取的如此美好景色中,亦可以看到他的心情是十分明朗、愉快的。

二、不知天意留何用

乾隆十二年(1747)年底知府又把李方膺调回。据《安徽通志》载,李方膺这回是"分署潜山知县"。潜山县历史久远,春秋时为皖国,元代始称潜山县。清代属安庆府。安庆郡当时又为清代安徽省省会,知府所在地。潜山县西有皖山,山南称皖南,北称皖北。有发源于县西北天堂山的皖水(今称长河)流经县东,会合潜水直至安庆郡西边的皖口入长江。而长江流经安徽的这一段,又称"上江"或"皖江"。因安庆郡在江滨,因而李方膺有时在画上落款称"作于皖江",即代指安庆郡。

104

新官上任，旧官退位，还有些交接事宜。李方膺何时离开滁州，何时到达潜山，没有记载。但李方膺被调回，心里还是有些牢骚的。从他在乾隆十三年（1748）夏天在"金陵客舍"作的一幅《梅花图轴》上的题诗里，可以看出端倪来。他题道：

  雪拥梅花傲岁寒，秀才风味画图看。
  人言结实溅牙齿，未解调羹尚借酸。

"未解调羹尚借酸"是说不知道哪道菜要加酸便乱放佐料了，不是埋怨上司不能知人善任吗！

一幅《兰竹图》上题道：

  翠带新翻墨如痕，依稀招得楚忠魂。
  几时能够心中住，但种兰花直到门。

"但种兰花直到门"这是暗用孔子不遇的典故，说兰生于深山，人自不识。何时栽到有司门前，让其知道知道"国香"。

还有一幅《墨松图轴》上题道：

  一年一年复一年，根盘节错锁疏烟。
  不知天意留何用？虎爪龙鳞老更坚。

李方膺回潜山，前面说过这回是"分署"，究竟是"分派"到潜山，还是另有职务而兼任潜山知县？目前无资料证明。再者潜山县有没有要等待旧官移交？前面说一幅画上署"乾隆十三年又七月写于金陵客舍"，这次是不是由滁州回安庆而路过金陵？目前也暂无旁证。但这年深秋直至冬天，李方膺一直在安庆郡，这有大量的画作可证明。这说明李方膺"重回潜山县"的实际时间也很短暂。同时接替他滁州知州的温必联在乾隆十三年（1748）已调任安庆知府，因而或有可能李方膺的位置还未落实。因此，李方膺不免要借笔下的苍苍松树，发出"不知天意留何用"的激愤语。

这年冬，留在安庆的知县好像还不止李方膺一个人，似乎不少县宰州牧都集中了去，是否是集中"考绩"，还是集中等待知府宣布什么决定，又或许吏部批复还未到？总之大家还有些空闲。文人闲来舞文弄墨，个个都有一手。正如袁枚所说，安徽是"江南最大省，群吏才智纵横，各自矜持"。在一批县宰州牧中，李方膺年较长，又擅画，加上他的性格豪爽，很受年轻官吏的喜爱。首先有三位袁枚的同龄朋友，即前面提到的庄经畲、张开士、王名标，提出要与李方膺搞一次"笔会"。李方膺自然乐意，并且先做了一点准备，用彩墨精心画了几幅小写意的《花卉册页》。

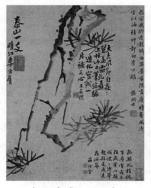 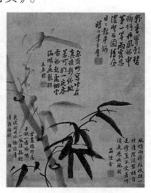

李方膺《松枝图》　　　　李方膺《墨竹图》

这三位又是何许人物呢？张开士，字轶伦，号古香，浙江仁和人。乾隆七年（1742）进士，初选为铜陵县知县，现知桐城，以后还升任宿州知府。王名标，号蓘园，山阴人。由举人出仕，初任无为知县，现任贵池知县。庄经畲，号念农，又号研农，常州人。乾隆十一年（1746）进士，当下知建德县。次年便要派去知盱眙了。再后来还任过泗州知州、宁国知府和宣州太守，不过这是后话了。这几位都才三十来岁，脑筋又特别活络。这里有个他们刚出仕时的故事。当时贵池县发生一起冤案。有恶民熊某与金某斗殴，金遭重伤。熊某怕官司要输，会其族弟刚病死，乃"斧干"其尸以诬金某所为。县令谢锡伯查察其奸，熊某"遂诬谢落职"。巡抚则调建德知县庄经畲、无为牧王名标两人去"勘诘"。他俩在勘查中发现死者脑骨内陷，非生前所伤。又找来代笔讼者说明厉害，要他说清那些属他编造的谎情。加上熊某族弟的妻子深痛其夫死后又无故横遭斧击，而"跪谢告实"。因而案情大白，熊某伏法。这一事件顿时轰动一方，"皖江数万人噪于时，称两君子云"。由此事亦可见他们的精明能干。再加上庄经畲的个性也和李方膺很相近，袁枚说他"性狷狭，乖气辨口。小忤意，辄以精神凌逼人。虽贵游长官，不稍含忍"。因而后来庄、李二人终成"患难"之友。不过庄有次得罪上司落职后，又得负责皇帝南巡的长官尹继善的信任征用，"参与扈跸"，因而又得皇帝恩顾，"屡踬屡起"，且每起还并得升迁。可惜李方膺后来就没有这样的机遇。

当下他们四人约聚于皖江簧山草堂。李方膺又当场精心补画了几幅，共凑成八幅花卉册页。有松、柏、扁豆、芍药、紫藤、玉兰、山桃、墨竹等。

说到作诗，这四人又是捷才，且各有一手好字。请看：

《松枝图》李方膺题四字：泰山一支。王名标题道：大夫风节迫森森，翠盖霜虬矗上林。此日笔端驱造化，写成一片补天心。张开士题道：岱宗飞挂老龙鳞，白石苍苔洗尽尘。时有风涛空似海，精神都向李公麟。庄经畲题道：孤干虬枝挺百寻，雪霜不改岁寒心。开缄谡谡涛声起，疑是咸连夜抚琴。

《芍药图》李方膺题两句：记得丰台花烂熳，玉楼春卖一文钱。王名标题道：绿覆红翻春欲归，且将彩笔点芳菲。广陵晴日多奇种，朵朵祥开金带围。张开士题道：生成风度自翩翩，香露毫端引兴研。梁燕语新宫柳细，丰台月下对婵娟。庄经畲题道：天遣余客独殿春，红绡金缕一时新。披图加与扬州宴，过客深惭不姓陈。

《紫藤图》李方膺题道：天池笔法。古香张开士题道：璎珞森森引纵横，古藤成幄点霞明。传神再得翻其绝，笔走龙蛇五色云。王名标题道：春花开到万年藤，密蕊垂垂欲满林。自是东风爱颜色，夜来烘渠紫泥金。研农庄经畬题道：苍藤树猗月华高，景影搛来入素毫。花色问从何处借？□关仙气相公袍。

《古柏图》李方膺题杜甫诗两句：霜皮溜雨四十围，黛色参天二千尺。钱塘张开士题道：黛色霜皮龙虎姿，骈柯磊落互连枝。有人识得莱公柏，为赋甘棠几句诗。王名标题道：华岳山颠着意栽，虬枝不畏雪霜摧。分明御史台前立，忽染金花络上来。晋陵庄经畬题道：新□由来育英材，黛痕谁染笔端□。汉家宫殿须梁栋，宁仅乌栖御史台。

《墨竹图》李方膺题了一首诗：粉香翠影碧琅玕，丹凤林中第一竿。雨露恩浓磐石固，清风日日报平安。王名标题道：息斋妙写此君真，疏影纷披若可扪。一夜春雷初起处，烟云满眼是龙孙。庄经畬题道：风梢雨箨致扶疏，一片清阴浸碧梧。自是修篁不受暑，何须更展北风图。张开士题道：云里琅玕遇子猷，一番吟啸一风流。孤标更说湖州孤，依约清音夜雨秋。

题到这里，张、王、庄三位每人都做了五首同题诗。有比附文同（湖州）、李公麟、李衍（息斋）来赞美笔墨画境的，有联想召公（伯）、寇准（莱公）歌颂惠政为民（甘棠）的，有颂扬承继古贤清高美德的，有借题发挥，留恋阮咸、谢惠连（咸、连）疏放风流的。从题古柏的诗中，又可见李方膺的经历大家很了解，对于先帝的恩眷、新帝的关顾，故有含蓄的赞叹和同情。同时，大家见李方膺题了一首咏竹诗，还有三幅未题，便道，吾侪可以坐下来喝杯茶了，剩下来由晴江收拾补上吧。李方膺一笑，拈笔先在《玉兰图》上题道：玉树迎风占早春，良工不肯画全身。谢家子弟知多少，只数当头四五人。接着又在《扁豆图》上题道:一行作吏二十秋,北陌南阡汗漫游。记得劝农耘事歇,豆棚深处绿阴稠。最后一幅《山桃花图》不加一字,只盖印章。整个八幅册页,总体章法也井然有序。

  这次雅集,顿时传开。在大府衙门、知府衙门里做事的几位精通书法艺术的官员也来了雅兴,也和李方膺搞了一次"笔会"。这三位,一位是余守谦,字天益,号牧斋,山阴人。一位是傅汝翼,字佳如,号柳圃、小蓬莱山人,镜水人。还有一位是龙申,雷水(湖北黄梅县)人。

  这次聚会在皖江客舍。李方膺当场一气画成十幅墨梅册页,有老干,有新枝,有直立,有横斜,有垂挂,有偃仰,有挺拔,有秀逸,形态各相异、布局不雷同。看似寥寥几笔,可是功夫了得。他首先在一幅画上题道:琼枝小雪天,分外精神好。然后请三位落笔。

  三位在观赏李方膺挥毫的同时,也都各自做好一两首诗在肚里了。大家推龙申先来。他选了一幅画题道:寒梅初放两三桠,淡素无心斗物华。行路客逢传驿使,关山人折寄天涯。接着又写道:为怜寒峭宜春早,却画疏阴待月斜。竞尚姚黄夸富贵,有谁着眼在梅花。他一着忙,把一首诗的八句都题到一幅画的右边了。一看,又觉得画面右边的分量也太重了些,于是就把落款的字题到左边去了,署"雷水龙申偶题于皖江客舍"。大家说,布局还可以,再来一幅吧。龙申谦虚地说:"画上的落款布局,此道不精,就题一幅吧!"但看他的书法,确是颜鲁公的功底又加上了北宋王诜的笔意,一变而为古拙灵动。诗中一句"有谁着眼在梅花",颇让李方膺产生共鸣。

  轮到傅汝翼,他选了一幅梅花横斜图,也用行书在上面题道:水边篱落忽横枝,画出林逋疏影诗。记得去年风雪里,小桥驴背独归时。署"镜水傅汝翼题"。看他这行书,深厚朴茂,有晋"三王"根基又参以宋苏轼笔意。接着他又挑一幅画,改用隶书题道:惠远丰标映玉照,青莲肺腑净冰壶。琼枝淡写供仙梵,春色添禅禅不枯。署"柳圃傅汝翼题"。这隶书,在《石门颂》的笔意中融进了篆意,又觉新奇生动,十分精美。诗中惠远亦书作慧远,东晋高僧,驻锡庐山东林寺,设莲社讲学三十年,影响深远。

轮到余守谦了。他也先用行书题道:独占人间第一春,冰霜气骨玉精神。问渠那得清如许?欲倩花光为写真。署"山阴余守谦"。这字写得圆融遒丽,分明是虞世南行书的功底。然后,他又找一幅画作长枝下垂若飞的梅花图,凝神挥毫,用草书题道:披图妙笔秀堪餐,疏影依稀庾岭看。春色青莲赠惠远,风流潇洒属仙官。署"牧斋余守谦题并书"。看他书法流畅顿挫,大气磅礴,大有怀素《自序帖》和鲜于枢《草书杜甫魏将军歌》的气象。这首诗的前两句盛赞梅花画得绝妙。后两句先拿佛教领袖慧远作比喻铺垫,既暗用慧远结交陶潜和道士陆静修,送客到虎溪桥的故事,又暗用东坡在杭州访问辩才和尚的典故。辩才引杜甫诗指东坡和自己说:"与子成二老,来往亦风流。"余守谦诗中的"风流"二字即从此中来。最后把李方膺大大赞美了一番,说他"风流潇洒",简直和陶渊明、苏东坡一样,是才华横溢的"仙官"。

可能龙申开头只题了一幅画的缘故,因而后面的人出于礼貌,就不再多题了。他们在自己的题款下面钤好印章后,就提议余下的几幅,还请晴江题来大家欣赏。于是,李方膺在余下的四幅画上作了如下安排:一幅题:笔底阳和力,能先庾岭开。任凭楼上笛,终不点苍苔。一幅题:天生懒骨无如我,画到梅花兴不同。最爱新枝长且直,不知曲屈向春风。一幅题:平生心事画梅看,曾伴全书谒上官。不料江南成话柄,逢人只说秀才酸。还有一幅不题一字,只钤闲章一枚"瘦石"。李方膺的诗本来就是心声坦露,直抒胸臆,一旦画到梅花，倔强的性格、心灵深处的话就喷薄而出。

这年冬天，李方膺画了许多画，其中还有一组《梅花册页》十二幅，真可谓千姿百态，臻于化境。题诗又多为新作，心声跃然纸上。有如下题辞：

一幅题：
    素质比瑶瑰，贞心不易摧。
    江南春信早，先寄一枝来。

一幅题：
    雪片千层彻夜敲，挑灯研墨画梅梢。
    秀才偏是寒酸骨，冷淡知心故故交。

一幅题：
    手板迎官二十春，罗浮无梦到风尘。
    簿书哪得琼瑶屑，怎教梅花不笑人。

一幅题：
    古干盘根碧玉枝，天机浩荡是吾师。
    画家门户终须立。不学元章与补之。

一幅题：
    十月风和作小春，闲拈笔墨最怡神。
    平生事事居迟钝，画到梅花不让人。

一幅题：
    化工错落好风殊，南北枝分共一株。
    多谢画家秉直笔，先春烂漫后春无。

一幅题：
    冷淡生涯画作殊，春光一片老江湖。
    故园草屋书千卷，辜负梅花三十株。

一幅题：
    梅古半无花。

一幅题：
    逃禅老人画梅有疏枝横斜之致，偶仿其意。

还有三幅分别题写的是"晴江写意""乾隆十三年小春月写于皖江山谷祠""戊辰冬日李方膺"。

李方膺在这里的题辞中又提到"逃禅老人"。这是他崇拜的宋代文人画家杨无咎,字补之。前面曾提到他,以后还会常提到他。他不仅擅长画墨梅,而且写了不少咏梅诗词,其中有十首《柳梢青》写出多种梅姿。有雪梅,"半飘残雪,斜卧低枝"。有月梅,"月坠雪飞。隔窗寒影,微见横枝"。有晨梅,"日转墙东,几枝寒影,一点香风"。有风梅,"为爱冰枝姿,画看不足。已恨春催,可堪风里,飞英相逐"。有夕梅,"寒梢冷蕊,隐映修篁。细细吹香,疏疏沉影"。有残梅,"天付风流""雪月光中,烟溪影里,松竹梢头""半随风远,半逐波浮"。有梅影,"一夜相思,几枝疏影,落在寒窗"。还有美人嗜梅,忆梅,植梅……又另有四首《柳梢青》,咏尽梅花"未开""欲开""盛开""将残"之态,美不胜收。如咏未开云:"恍然初见,情如相识。"咏欲开云"嫩蕊商量","檀唇羞启,忍笑含香"。咏盛开云:"一夜幽香,恼人无寐。"又咏将残云:"离披。赖有毫端,幻成水彩,长似芳时。"形象、情思无不婉丽可爱。这里引了杨无咎的咏梅诗句,目的是说明李方膺的咏梅诗更精妙。现在李方膺存世的,又目前我们能看到题在画上的咏梅诗(不包括文)去掉重复的,就有一百一十首之多(另外还有对句不计在内),估计其咏梅诗的实际数量不会少于宋代诗人范成大(范也酷爱梅,著有《石湖梅谱》,写有咏梅诗170余首),而其笔墨与画境又大别于宋元文人画。李方膺对"疏枝横斜"四个字理解得十分精到深刻。他所表现的梅干、花枝,处处有生命感。或淡墨作古干,或浓墨画新枝,不是动中有静,就是静中有动。或三笔五笔,看似简单,实际功力深厚,布局严谨奇拙;或纵横交错,纷枝复出,如群龙走空,气象非凡。绝无"大炭条"(郑板桥语)的恶俗笔墨。而画中意境直抒胸襟,如见其人,如闻其声。譬如这一组墨梅中,他的题诗与画融为一体。有题"最爱新枝长且直,不知曲屈向春风",个性直露。又题"秀才偏是寒酸骨,冷淡知心故故交",对于世态炎凉从不隐晦看法。又题"簿书哪得琼瑶屑,怎教梅花不笑人",直吐心中好恶,决不虚伪说假话。这样的诗画相配,不仅为梅花传神写照,而且强烈地表达出画家的"我神",极为鲜见,就是较之"八怪"诸公的画,也少有如此尖锐坦诚而深刻的吧!

三、肯与人家作栋梁

乾隆十四年(1749),确是部分知县换了岗。庄经畲改任盱眙知县,李方膺放任合肥知县……

合肥县时属庐州府,府治亦在合肥,因而合肥为首县。这年正月,李方膺在赶任前后,画了不少画,所题诗句也比较明朗。如题《墨竹册页》有:

满谷春风。

又如:

湖州昔在陵州日,日日逢人画竹枝。
一段枯梢作三折,分明雪后上窗时。

有的画上题诗还流露出积极为官的志向。如:
《墨菊册页》题:

味苦谁能爱,含香只自珍。
愿将潭底水,普供世间人。

这是借用宋杨万里的一首咏菊诗来题画。宋范成大《菊谱序》里云:"神农书以菊为养生上药,能轻身延年,南阳人饮其潭水皆寿百岁。"这里李方膺将原诗句"长将潭底水"中"长"字易为"愿"字,是以菊自比,表达了甘为苍生做贡献的意愿。

《墨松册页》题：
　　苍髯铁爪欲飞扬，肯与人家作栋梁。
　　记得石桥明月夜，一溪龙影伏苓香。

一个"肯"字，在古诗文的句子里可以正面解作"愿意"，也有时作问句读，则变成"怎么肯"之义，即"不愿意"。李方膺是肯还是不肯"与人家作栋梁"呢？他心里是纠结的、矛盾的。他不可能像袁枚那样果断地做出决定："除却林泉总不思。"这和他的家教以及家庭经济条件有着密切的关系。能从政时他必须选择从政。因而，在他仕途顺利时便"肯"，遇到挫折冤屈时，牢骚满腹，便说"怎肯"。当下李方膺还是乐于去合肥上任的。"一溪龙影"还带着"茯苓香"，这是多么美的形象呵！

《墨鱼图》题：
　　雕虫小技墨痕枯，万里长风兴不孤。
　　天地合成如画匣，江湖展看化龙图。

《墨竹图》题：
　　画竹只画个，新梢已成林。
　　拂云不需待，会见骖龙吟。

李太白的气象又来了。万里长风，展看鲤鱼化龙之图；新笋破土，便见拂云龙吟之状，多豪放的气势！或许李方膺心中正想着在合肥任上要大显身手呢。

《松石图》题：
　　磊砢千万层，矗矗出云表。
　　云影着地流，涛声上天挠。
　　此叟不支离，挺立何矫矫。
　　施之大厦成，胜任原非小。

这幅画作于"夏五"，就是仲夏之月。五十岁的李方膺已到了合肥任所。他希望他这棵磊砢斑斑又挺立云表的大树、成材之树，能够"施之大厦"作栋梁，并且自信一定能够

"胜任"。

李方膺自乾隆十一年（1746）出来一直没有回过家。调来合肥总算安定了，但又忙得请不了假回乡探亲。乾隆十五年春夏之季，他儿子李霞（字赤中）和二兄彩升的次子李雰（字望云），携三伯玉镛家堂兄李方燕之子李湘皋（字南轩）来到合肥看望他。他很高兴，问起乡里和家中的事没完没了。李方膺听说孙子耀曾四五岁了，很懂事，父教之学，过目不忘，传之经史，犹能成诵，欢喜得笑了。他说："吾宦游二十年，囊无余蓄，今以清白贻子孙矣。"不过，子侄虽然难得来一趟，但李方膺仍然不能陪他们，因是这年大府已传达下来有大事要办。李霞他们三人住了一段时间，什么逍遥津、教弩台自己去转了转，不久就回乡了。

李方膺这边忙什么呢？一是皇帝明年要南巡，又是第一次，上下要忙迎銮接驾准备；一是江浙发生水灾，水火无情，一点怠慢不得。

先说水患。乾隆十五年（1750），江浙发生水灾。安徽北部黄淮一带灾情也很严重。连日暴雨，山洪倾泻，河水猛涨，忽报盱眙境内洪泽湖决堤。顿时县衙门里的官员个个慌得束手无策。时任盱眙知县的庄经畬却十分镇定。他忙命人牵马，自己戴上斗篷，披上蓑衣，雨中直奔决堤处而去。他在马上安排百姓疏散，指挥民工抢险。"水退，民以为神。"李方膺在合肥，水患没有盱眙严重，但他仍在各村各庄察看水情、灾情，时时没忘水利建设。

再说天子南巡的地方准备。这些年乾隆皇帝年年"奉太后"外巡，玩得荒了朝政，还说"朕问俗观风，广沛恩膏"。乾隆十五年二月，天子奉太后西巡五台山。八月又奉太后幸嵩山，直到十一月才回京。乾隆十六年（1751）又要南巡了。皇帝南巡一次，总是先委任大吏领衔筹备。据《清史稿》称，地方要预先忙一年，备御舟、修御道、布行宫、架行桥、搭彩棚……单一次御舟纤夫就要征用三千六百名。单苏州修了一条御道就花去白银三十万两。又各地争宠竞奢，要花多少民脂民膏！还要处处伪装五谷丰登、天下太平的假象……皇帝经过的省份，地方官员还得自己准备车马、舟楫，组织训练接驾欢迎人群，随时应呼。乾隆帝南巡六次，老百姓不知吃了多少苦。征民工、筹钱粮、备车马，这是李方膺必须跟着做的。这一年李方膺留下的画极少，大概都忙着当差。

前面说过，李方膺曾说"肯与他人作栋梁"。这"肯不肯"是他自己的事，可他忘了还有个人家要不要，旁人容不容的事。李方膺"性尤兀傲，不屑事上官"。他这个"不屑"，可要惹恼上司了。李方膺的现管庐州知府蔡长沄，人生得短小肥胖，并无真才，却工于心计，擅长官场上的权术，全凭逢迎而常得升迁。他知道李方膺琴棋书画都有一手，且绘画名气颇响，曾向李索要一幅画。李方膺认为此人"猥琐"，"不屑"送画与他，于是一直推托，称自己初来乍到，公事繁忙，无暇作画。到了年底，清代官员都要接受总结评分，同僚提醒李方膺，按安徽官场的风气，下官要向上司送些"馈岁礼"。李方膺想，此事既然年年例行，可也不必过分。乾隆十五年冬，同僚又提醒他，他就把两瓮家乡的盐齑带上了。这事倒并非李方膺故意戏弄太守。这两瓮盐齑是地道的通州土特产，且是李方膺自己最喜欢用来佐酒的，恰巧今年子侄来合肥给带来的。两瓮盐齑是什么呢？一瓮是生姜芋，食其根茎。这东西似姜无姜之辣味，却有其脆嫩，似芋无芋之绵厚，而有其清香。还有一样是蘘荷，食其花朵。这东西花似微型荷花，紫色，不生于水而生于陆。《楚辞·大招》云"脍苴蓴只"。苴蓴就是蘘荷，又名嘉草。这两样食物在通州田头屋角均可生长。采其可食部分用精细吴盐一醃作，可长期食用。佐酒、助粥，十分爽口。只是不值钱，不金贵。锦衣玉食的太守不识货，一看既不是鱼翅又不是海参，只是两瓦瓮酱菜，嘴上不说，心里却不快。可是李方膺还有点不情愿哩。太守还要拉住他，说是要和他下两盘围棋，原来太守另有索要。双方刚落子布局，太守忽然说："李公还欠我一幅画吧！"棋枰上没大没小。李方膺说："你赢了我，我画。"双方布局没走几子，便进入攻杀阶段，太守见李方膺落子要围他一大片，又抢起自己刚下的棋子要悔棋。李方膺给悔了几次，又把对方围得七零八落，提了一片又一片。太守一把糊了棋，说："重来！重来！"李方膺不高兴了，觉得对方棋品、棋风太臭，小儿不如。棋艺不精不丢人，棋品不高太丢人！于是掷子说："你输定了。给什么我？"太守很尴尬。李方膺还不饶人地说："你这死艺，安知吾辈菜根中滋味耶？你输了就把我的两瓮盐齑还给我吧！"这一来太守感受到莫大羞辱……双方不欢而散。

　　太守蔡某从此对李方膺耿耿于怀，视其为眼中钉肉中刺。他得知省大府某监司对李方膺的个性也颇不顺眼，便乘机进谗，"泣诉"李方膺对上司大不敬。某监司更有城府，自知单就一个人的性格兀傲还不能整倒他，须得伺机寻以他事。

　　李方膺不屑为豕喙牛腹的上官蔡某作画，却乐于交游清骨才俊的布衣。

　　乾隆十六年春节来临，兴化才子顾于观得到李方膺精心绘制的一组梅花册页，共有三十六幅之多。李方膺在每幅画上只钤一二印，不题一字。这分明是要顾于观加墨。不用说，顾于观也十分高兴，欣然应命。他说见到梅花如见故人。"老梅原是不凡才，仙李相欢在春曙。"

　　顾于观何许人？一介布衣，但学识淹博，真才子也。顾字桐峰，又作万峰，又字澥陆。《扬州画舫录》又作顾锡躬。他和李鱓、郑板桥同出名师陆种园之门，人称陆门高足，又称"楚阳三高"。他天资聪颖,善诗能书,精通画道,画界名望很高,诗坛名气犹响。时人赞扬他的诗"绵邈滂沛,清峭凄厉"。然而不幸少孤,考中秀才后即弃去举子业,隐居读书,奉母至老。他平生不屑与俗流交往,居乡只和李复堂、郑板桥往来,客游四方,也只交结天下名士清俊。李方膺对顾于观很激赏。而顾于观这次看到李方膺的梅花图,更是佩服不已。他见李画,三十六幅,幅幅不同,老干撑天,疏影横斜,柔枝嫩蕊,偃仰春风,信手几笔,好似无心,可梅花之天姿品格却栩栩然跃然而现。笔墨老辣,工力非凡。看它起接转合、润枯疏密、笔下变化无尽,构思又精美绝伦。顾于观全部翻完禁不住敲着桌子连连大呼:梅仙!梅仙!简直是天根月窟,云中香来。并且说,如此高简之笔,令人读后屏息气敛!近人妩媚如何比得!李方膺的梅花册页陪伴顾于观过了一个诗意的春节。他一手举杯,一手翻图,悠然兴会,便赋诗一首。然后又仔细斟酌落款位置,以至某幅题字笔划宜粗、某幅宜细,某幅宜疏、某幅宜密都一一考虑到。每天只题几幅,直到"谷日"(正月初八)才全部题完。一画一诗,诗意奇丽,暗合李方膺性格,题款、印章又与梅图珠联璧合,真可谓知人识画的知音,精妙绝伦的合作。顾于观深刻了解李方膺,说李方膺的画梅手段,"非关游戏便通神,作者于兹费苦心。""除却梅花是知己,人间物色可全删。"还说李方膺画梅有香:"左手持螯右酒杯,春风化魄入梅胎。不须唤醒庄周梦,香气都从酒气来。"又说:"春风中人醺欲眠,梅花入画作诗仙。诗人醉拂生花笔,画出青莲不上船。"顾于观喜爱李方膺的梅花,以至自己也跳进了画图里。他说:"清癯不为愁春老,却是冰霜练得坚。""我有苦吟真骨相,被君拈出墨池边。"还特别加注云:"最是使君神来之作,予攫之以为小像"。

李方膺《梅花册页》

李方膺《梅花册页》

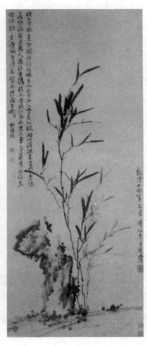

李方膺《竹石图》

第七章 转从三黜任逍遥

一、谁知天道曲如弓

乾隆十六年（1751），乾隆帝择定正月庚子日，奉太后，携嫔妃、大臣浩浩荡荡下江南。他这次南下是免了一些地方从乾隆元年到十三年的欠丁银。江苏最多——二百二十八万两，安徽三十万五千两，浙江无欠税免征三十万两……地方接驾一次要花多少呢？安徽为了让皇帝看他们的政绩——泗州府盱眙县境内的洪泽湖堤坝蒋家坝，要修御道；今日江苏宿迁市骆马湖边皂河镇仍留有"乾隆行宫"，这些地方得花多少银两？真如《红楼梦》说的"银子花得像淌海水似的"。乾隆帝一行从山东进入江苏，渡黄河入运河，经淮南时又上岸，换上车马轿舆专程去"视察"洪泽湖高家堰堤工。然后过淮安经扬州平山堂，过江，到镇江金山寺，再去苏州。三月初由嘉兴抵杭州。在天堂玩了几天，月中再往回走，过江宁府祭明太祖陵……再北上去盱眙蒋家坝"阅视堤工"。乾隆帝也晓得自己是出来玩玩的，但不好意思直言，就堂而皇之地说："南巡之事，莫大于河工。"这样宣传出去也好听一点。当年蒋家坝属安徽省。皇帝要来，不会就安徽巡抚等几位省府大员去迎接一下，乾隆帝是要讲排场的。据记载,安徽的大小官员就结集在盱眙迎銮。皇帝到时,只见文武千官、大臣命妇、士子文人、商人巨贾,簪缨冠帔,跪伏满途。而绣毂雕鞍、轿舆车马,填溢满日。照皇帝任命的南巡总导演之一的尹文端相国安排,盱眙知县庄经畲负责办理"供张事"。袁枚描述庄的办事能力说:"君能先机置想,后事补缺,丝毫不挂于过差。余尝见其扈跸时,踞坐帐中,庋砚膝上,十指雨下。旁立文武内监数十人,噂沓相环,或催逼火急,而君墨无停书,笔无误字,面无异色。"

皇帝下来对百姓是骚扰。对那些一心求功名而未得到的山野读书人来说,可是"喜欲狂"的机遇,纷纷献诗、献策。当年安徽的李啸村(也属"扬州八怪"画家)因献诗获得了皇帝赏赐的一匹宫锦和两个宫制绣荷包,就高兴得不得了。他作诗道:"岁月久甘场屋老,姓名仰荷帝王知。"袁枚归隐了,当年也有《迎銮应制》诗。李方膺在官场,作为知县要不要作"迎銮"诗,笔者暂没有查到先例,但看到李方膺当时画的一组《墨竹册页》,从画面与题词内容看,也可见到他的兴奋心情。且看其如下诗画配:

一幅画雨竹。仅题"晴江画雨竹"数字。甘露纷洒,枝叶潇然华滋。就其笔墨看,几笔涂抹,雨意浓浓。就其立意看,确有歌颂雨露滋润之意。

一幅画风竹。也仅题"南风之薰兮"数字。这是传说尧舜唱的歌词。全首是:南风之薰兮,可以解吾民之愠兮;南风之时兮,可以阜吾民之财兮。意思是说,薰和的"南风",帮民解忧,助民增加财货。联系天子南巡来看,画中歌颂的寓意更明显了。

一幅写双玉并立。题道:"双凤沐瑶池,毛羽空翠滴。仙人骑上天,但见辽海碧。""仙人"有指。说仙人广布恩膏,直至边远。

一幅画晴竹。叶叶向上,干干精神。题诗一首:"奋雷初出地,承露已凌烟。愿从朝元驾,为旄拂九天。"表面写竹得雨露而成长,实际是在说人,像传说中众仙追随元始天尊一样,甘愿为臣,朝拜元驾,忠心报效于君王。

一幅写嫩竹几片新叶。题道:"不是求名学画工,爱他高节复心空。平生细数辛勤处,都在淇园读卫风。"一幅写老竹一枝低垂。题道:"风梢露叶映疏棂,潇洒丰神见性情。高节要知何处看,翠云万叠补天青。"《诗经·卫风》赞美卫武公虚心之德。这两首诗说,自己勤恳地修炼,是出于爱慕卫武公之高风亮节,希望得到"补天青"的机会,从而能一展个人的才华与德行。

这一组册页共八幅。从作画时间在夏五和题诗的内容看,李方膺参加了迎銮盛会。画作于接驾之时与之后。皇帝四月底离开江苏,到了山东泰安府,游了一回泰山,于五月初回京。

可是安徽省接驾、送驾的善后工作,据记载,一直忙到六月二十七日才结束。各地征用来的车马船等工具要归还,征集的车夫船工要遣回,征得的钱粮支用情况、积余透支与否,都要结账……不知为什么,李方膺没有去忙这些具体的要务,却在洪泽湖边转了半圈。一边转还一边画画。他特地去了"蒋家坝"和"高粱涧"。这两处就是乾隆帝"专程"绕道去看的湖堤工程。李方膺固然很看重自己的治水才能,但这次又是谁让他放下县务而去蒋家坝和高粱涧的呢?李方膺后来曾说"是我不才趋陷阱"。笔者猜测,安徽省府某监司和庐州蔡知府要"寻以他事"诬陷李方膺,所设下的"陷阱"莫非就藏在这里?

李方膺初夏刚参加送驾就先去了蒋家坝。他在那里看湖堤,逗留的时间还较长,留下了多幅画可作证。其中梅花册页两幅,分别题诗曰:

半弯新月漾银钩,瘦尽春城十二楼。
怪底司勋眠不得,从今夜夜梦扬州。

每从江北望江南，万迭春云暗远岚。

欲寄骑亭劳驿使，一枝冰雪许谁探。

一幅落款署"辛未初夏于泗州蒋家坝"，农历三四月立夏，正是在乾隆帝回銮绕道专门"视察"蒋家坝的时候。由此所署时节也可旁证李方膺确是在盱眙迎过驾的。从诗意看，"梦扬州""望江南"（通州古属常州府，苏北人也习惯称通州为江南），李方膺想家了。毕竟已出来几年，孙子都大了还没有见面哩。另外还有两幅《梅花图》也作于蒋家坝，题诗曰：

记取风流姑射山，却随明月到人间。

何当引入罗浮梦，直到银河打桨还。

逸韵清姿欲动初，平芜草木总阳苏。

画家不候东风信，早竖春幡雪到除。

他从蒋家坝来到高梁涧，看高家堰。由蒋家坝到高梁涧，在洪泽湖的东南沿岸，当年筑了一条百十里长的大堤，挡住了黄淮泛滥。工程真是浩大壮观。难怪地方官要在乾隆帝面前炫炫政绩。李方膺在那里有《梅花图》，题诗曰：

玉笛何人隔院吹，回廊风过影参差。

月来满地冰霜结，正是臣心似水时。

他题诗的时候，或许想到壮观的堤堰工程，想到皇帝"南巡之事，莫大于河工"的圣谕，甚至想到自己在山东所开的福民河，于是倾吐出臣子之心也炽热如火、清纯如水的肺腑之音。接着李方膺去了淮安，淮安古称山阳。他在山阳客舍作了几幅梅花图，有的也题了诗。如云：

大地春风总不殊，山家官舍两堪娱。

吴丝买得知难绣，领取新香入画图。

洗净铅华不染尘，冰为骨骼玉为神。

悬知天上琼楼月，点缀江南万斛春。

墨泼毫端点玉芽,肯同凡卉斗奇葩。
须知图外春千树,解得调羹只此花。

一夜山头雪正晴,玉栏干外月弓明。
早春独步堪谁赏,终古知音宋广平。

……

他的这些画都署作于"夏"或"夏五",可见他是初夏从蒋家坝出发过来。这些诗颂梅寄志,"山家官舍",也可以看作指梅花,言村梅、官梅都赏心悦目。虽然诗中有"吴丝买得知难绣"的话,这是用典,出李贺《浩歌》"买丝绣作平原君,有酒唯浇赵州土",意在深叹举世无有能得士者。这里是李方膺对知音伯乐难遇的感慨。总之,此刻作者的心境还是平和从容的,诗境也写得蕴藉优美。李方膺走到淮安想回合肥了。在这组册页里,因为有两幅画上题作"乾隆十六年夏五于梅花楼",因而有学人认为他拢了一趟家,也有人说"不大可能"。笔者发现,乾隆十七年(壬申)八月,李方膺有《菊花图》,题诗云:"遥忆故乡三径下,两开丛菊未曾归"。"两开丛菊"正是指十六年与十七年两度菊花开放时节。由此反推,可断定这次是顺道回家探亲,看看孙子的。他匆匆回乡又匆匆走了,连家乡的朋友也未能谋一面。等他回到合肥,有的朋友才知道他回来过,便来信问候。

这年闰五月,李方膺一回到合肥,尚不知自己已落入某公圈套,或许隐约风闻,也不在意。他一贯的风格,不去捉摸人,总以为薏苡明珠混淆不了的。他仍旧不停地挥毫。他到万玉堂画墨竹,题道:

墨汁淋漓翠嶂开,清风高节出尘埃。
只悲难得王猷辈,不问主人看竹来。

又作有《墨菊图》题诗是:
>   疏枝密蕊晓霜封,此种秋容不可宗。
>   自愧不如花意淡,一池墨汁当嫌浓。

还有一幅《梅花图》题诗是:
>   不管春归归未归,联圈密点雪乱飞。
>   商量六月消炎暑,只有梅花是也非。

诗境和前面几首大抵相近,心静气和。这几幅画不是署"后五月写于万玉堂"就是署"夏五写于汝阴""六月写于汝阴"。汝阴者,合肥县之古称也。东晋时曾改称汉代合肥县为汝阴县。

七月初,李方膺给家乡两位老友每人画了一幅《梅花图轴》。一幅寄给保培源。李方膺称他"艺园大兄",钤"平生知己"印,并题了一首诗:
>   东枝西干复悬斜,章法全无笑画家。
>   我有乡思来笔下,小楼四面看梅花。

还有一幅是寄"大年二兄"的。大年即李方膺同时代的通州画家钱大年,字松苓,号半舟,又号凫园。其父钱铸,字射父,著述颇多。钱大年文通经史,画擅山水,有画传世。钱姓也是通州旺族,远祖由江南过来。钱大年少时与李方膺相交颇善。李方膺曾有和李复堂交换闲章的逸事。此有一印"半舫",即疑原为大年所用。李方膺见画面留空较多,便一口气题了四首诗:
>   霜添风韵雪添神,冠却群芳自有真。
>   我忆故人江北望,淋漓墨汁寄先春。

>   梅花原不问遭逢,情性幽芳物外踪。
>   领袖春宫神自淡,驱除寒峭兴偏浓。

>   江上丹青廿载余,春来春去自如如。

故园好种梅三十,雪夜寒窗读父书。

归来腊尽古梅开,镂雪雕冰月下堆。
水部风流思入梦,梅花楼上酒千杯。

这两幅画上的题诗,面对故乡人,诉说故乡事,一片思乡思友思亲的真情溢于字里行间。

到了七八月间,庐州知府果然发难了,弹劾李方膺账目不清,说合肥县库里有钱五百不上账。这一罪名可是贪赃,轻则罢官,重则坐牢,直至充军杀头。官场凶险。这种下流的诋毁诬陷勾当,在封建社会的官场里司空见惯。唐代武则天曾让酷吏周兴、来俊臣专门编了一部《罗织经》,教人如何对不顺眼的人加以罪名。前面所说河东总督王士俊与某县县令贵金马,为整一整阻垦的武生王作孚,就曾"罗织"了一个足以置人于死地的罪名。一年后,因泗州太守陈慕楷妒能,一个极能干的盱眙县令庄经畬遭到排挤,也是被捏造罪名,判处充军三千里以外之西北,幸遇钦差方得解救。面对省府某监司与太守的联手,李方膺无可奈何,自己被解了职,两个仆人被关了起来,说是隔离调查、审问。知府老爷原以为这样一来可以抓到可用供词。可是再用刑、再背对背审讯,都没有结果。案子无法开庭,就这么拖着,一直拖到乾隆十八年(1753)才不得不"对簿公堂"。这分明是一个阴谋!时间拖久了,阴谋就能得逞,就能让李方膺复官无望。要是李方膺真的违了法,还不早判个充军、坐牢审结了!

二、千古英雄泪不干

乾隆十六年(1751)七八月里,李方膺遭到太守的参劾,突然被停职、候审,如五雷轰顶,情绪十分激愤。前两次被黜还有具体事实,一是擅自开仓赈灾,一是反对在山东兴垦。

可这回是无中生有，突如其来。他异常气愤，岂能容忍！这不是屈原遭谗被逐吗！八月一日，他作一《墨兰图》，题道：

露坠回风下笔时，沅江烟云影参差。

平生未识灵均面，万叶千花尽楚辞。

李方膺《墨兰图》

李方膺把满腔的忧虑、悲愤化作了笔下的万叶千花。叶含露似泣，花蒙烟如塞，他的兰叶画得密集、凌乱而遒劲，真不知他胸中郁结了多少苦闷，多少愤慨！又作一《梅花图》题道：

倦客春光客里过，暗香疏影冷山阿。

归来羞见千枝雪，飞上头颅一半多。

李方膺《梅花图》

八月里突遭解职，感慨万千。一年年的时光都在"客里"抛掷，白了少年头。如今就带着这么个结局归去吗？他的不甘不服，心境的又苦又冷，可想而知。这个月里他还留下了三幅《墨菊图》，分别题道：

星星霜蕊簇枝头，雨打风吹老未休。
不是东篱春不到，菊花身世本宜秋。

淡到黄花淡更奇，淡中滋味少人知。
声声鸩鹈摧芳草，挺立霜天不寄篱。

东篱八月尚嫌迟，意绪情怀我自知。
轩外却逢五柳树，霜毫缱绻菊花枝。

惯遭雨打风吹，或是前生前世命中注定，这有些自我解嘲。但是芳草被摧，菊花挺立不寄篱，这是他倔强性格的反映。不过李方膺想得又天真了，他以为大不了辞官归林泉，可是这一回也像王士俊一样，不抓他坐牢也要给个"开除"处分呵！

李方膺常说知音难遇，古来文人多如此。如他五月在《墨竹图》上说：

墨汁淋漓翠嶂开，清风高节出尘埃。
只悲难得王猷辈，不问主人看竹来。

王徽之借屋也要栽竹，并说"不可一日无此君"。可谓竹的知己。这里李方膺说的"知己"，应看作指伯乐、知遇者。到了九月，李方膺在《墨兰图》上这样说：

玉露金风九畹殊，托根当户奈何如？
国香谁惜凋零尽，珍重芳心不肯孤。

托根当户，国香凋零，这是用典。《蜀书》云，蜀主刘备不容张裕直谏，诛之。孔明闻知，前去问备："裕何罪？"备说："兰生当户，不得不除。"李方膺意识到不但没有遇到知音,反而要被人剪除了。

李方膺曾说过"但种兰花直到门",让人家好好认识认识国香的话,庄经畬也在他的画上说过"云里琅玕遇子猷"的话,可是这回他在《兰石图》上说:

　　迷离艾萧露风寒,千古英雄泪不干。
　　搁笔沉吟谈往事,横琴未必调猗兰。

艾萧太盛,香草无地;奸佞横行,君子难存。这是暗用《楚辞》典。猗兰调,又名《猗兰操》,是明用孔子不遇典。《孔子家语》云,夫子不售,自卫返鲁,见香兰独茂,隐于深谷之中,自伤不逢时,喟然叹曰:兰当为王者香。今乃独茂,而被众草所掩。乃下车抚琴作《猗兰操》。李方膺这里说"未必"再弹《猗兰调》了,不是不遇"知己"的问题,而是遇到"谋害"了。如斯夫,怎不让人感到伤心!屈原是,苏东坡是,李伯纪是,岳飞是……真正是千古英雄泪不干啊!

这期间,李方膺还画了不少梅兰竹菊图,抒发他心中的愤懑不平之气。如《墨兰图》题道:

　　楚用灵均一个臣,揭车蕙茞总轻秦。
　　画家解得滋兰意,万叶千花恐费神。

又如《墨梅图》十幅,分别题道:

　　梅林酒肆月横空,一段清香入画中。
　　我落风尘常作客,美人误识赵师雄。

　　江上丹青廿载余,春来春去自如如。
　　故园好种梅花树,雪案寒灯读父书。

　　一行作吏怨平生,辜负东风过眼明。
　　记得故园三十树,雪晴月白伴书声。

　　莫嫌画匠老雕虫,醉墨挥毫两眼空。

一枝梅花四三朵，展看何处不春风。

绿萼朱砂刺眼明，巡檐索客最多情。
只愁本色逢时拙，春到无人问姓名。

香雪凝华冷淡生，并无秾艳动人情。
谁从本色来题品，知己难逢宋广平。

东枝西枝复悬斜，章法全无笑画家。
我有乡思来笔下，小楼四面看梅花。

寒梅岑寂锁春愁，本色从来莫与俦。
唯有多情枝上雪，东风吹作小银钩。

终年学画古梅根，牵引孤怀不可论。
衰骨代去旋地轴，萧萧边幅淡墨痕。

墨汁空飞笔势悬，画家心事密于烟。
联珠缀玉铺平地，谁借东风送上天。

　　这一组册页乾隆十六年（1751）九十月间作于五柳轩采菊山房之换石斋。"美人误识赵师雄"是正话反说。赵师雄登罗浮山遇一神女乃梅花也。李方膺虽然被解官，沦落风尘，但清香留入画图中。他说他的高傲心性没有变，瞧得上眼的只是"四三朵"，俗物都茫茫。绿萼朱砂，乃梅中之精品，居然无人问津。人间不逢宋广平，不如去"旋地轴"。回去吧！家有梅花楼，四面皆是知己梅花。这组画上所钤印章有"淮南布衣""自食其力""存我""画医目疾"等。再如：

精神满腹何妨瘦，冰玉为心不厌寒。
潦倒竹篱茅舍外，龙涎吐向路人看。

我与梅花信得真,梅花命我一传神。
　　叮咛莫写寒酸态,惨淡经营天上春。

　　雕虫小技自年年,画到梅花动我怜。
　　吐萼惯经冰雪夜,浮香多在凛寒天。

　　任经冻雨任严霜,物外闲情世外妆。
　　王冕最痴思作伴,三间茅屋作花房。

在这些画里,我们不难发现李方膺情绪是如何的怨恨交加,画家心事密于烟呵!诗句又是如何的如泣如诉,任经冻雨任经霜呵……又如《墨竹图》题道:

　　渭水千千翠欲迷,此中通达甚灵犀。
　　如何不供轩辕殿,鸾凤空山舞月低。

又如《葵石图》题道:

　　篱边窗外报秋光,小草英英色色黄。
　　葵有丹心菊有骨,脚根立定傲金霜。

还有《荷花图》题道:

　　芰荷图就雪蒙空,叶翠无伦花更红。
　　五月三边寒入骨,谁知天道曲如弓。

轩辕殿值勤轮不到渭川竹,篱边的黄花难免金霜的打击。夏天荷花开时,三边雪蒙空,天道如此奇曲,这不是元杂剧里窦娥呼冤,六月飞雪吗!

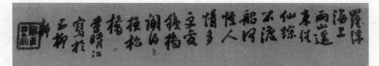

李方膺题画诗

再看一幅《墨松图》,用淡墨抹了一棵卧倒的松干,又

用深墨画了几丛松针,然后题诗曰:

罗浮海上两山遥,来往仙踪不渡船。

何怪人情多更变,铁桥闻得换松桥。

铸铁为桥或拱石为桥是常理。松树怎么成桥了呢?《广群芳谱》上云:"至如石桥怪松,则巉岩陏石所碍,郁而不得伸,变为偃蹇,离奇轮囷,非松之性也。"这是被扭曲、被压迫所致。世风日下,人心不古,现时那些"仙人"过海不按常规乘渡船,而是踩着松树向上爬。这是李方膺在非常气愤的情绪之下,一气呵成的作品,寄情于画,不事修饰,直吐胸中真臆。

三、行李一肩肥水外

李方膺解官后,在金陵觅得一旧家项氏花园租赁下来。经收拾,取名"借园"。乾隆十七年(1752)端午节,李方膺尚在合肥,知情、了解他的乡亲、书生络绎不绝地来看望他。有一位合肥秀才王生,得知李方膺要离开桐乡,特地在节日送来蒲酒,祝福李大人平安,并要求李方膺留下一幅墨宝,以作纪念。李方膺送他一幅《梅花图》,并戏题曰:

索梅无厌是王生,节到端阳索更横。

满眼尽愁蒲酒醉,冰花雪蕊解人醒。

此时,袁枚早已定居金陵。乾隆十一年(1746),袁枚知江宁,就看中了金陵清凉山脚下,小仓山北巅的隋赫德家废园,花了一个月的俸禄三百金买了下来。闻说这地方就是唐代大诗人李白所心悦的谢家青山——古谢公墩,袁枚大喜。他是钱塘人,而后改造旧园着意仿杭州西湖式样,"就势取景","为堤为井,为里外湖,为花港,为六桥,为南峰北峰……",又置溪亭、江楼、宧窔,为之桥,为之舟……不惜破费千金,为的是"居家如居湖,居他乡如故乡",以解日日

"首丘之思"。园成取名"随园"。公干之暇常来小住。乾隆十三年（1748）辞官后，便全家移居此间。

袁枚还有一位忘年至交沈凤，字凡民，号补萝，别署谦斋、补萝外史、桐君等，江阴人。相貌奇古，两鬓发白飘至胸前，头顶秃如盘古氏。乾隆二年（1737）由江宁南浦通判转署徽州同知，凡七摄县篆，历宣城、灵璧、舒城、建德、盱眙、泾县等地，乾隆十一年六十岁，"乞病金陵"，始与袁枚交往，直至七十一岁卒。其人金石书画皆精。尤其印法秦汉，人以"李斯、李阳冰"比之。

李方膺来到金陵。他与袁、沈二人特别投缘，无话不谈。从此三人"朝夕过从"，交往"尤密"。袁枚最年轻，又不善饮，但每聚必备酒，自不饮却"爱人醉"，己"不醉"但"爱花开"。"解好长卿色"，"歌舞日欢喜"。沈补萝年岁最长，"时扶绿玉杖，来饮花间觞"。多听他"谈三朝典故，及前辈流风，如上阳宫人说开元遗事。灯炧酒阑，谐谑杂作，诵徘优小说数千言，听者倾靡欲绝"。而李方膺刚来金陵，心中则有不平之气，深痛当下吏治臃肿，政体不畅。他说："两汉吏治，太守成之；后世吏治，太守坏之。州县上计，两司廉其成，督抚达于朝足矣。安用朝廷二千石米多此一官以甚间之邪！"言至此慨然叹曰：历代小人不绝种，"野火烧不尽，春风吹又生"。袁枚领首说他看得透彻，同时称他是与友人亲、与小人疏。"梅花虽倔强，常在春风里。"又说他"超超言锯屑，落落直如矢。偶遇不平鸣，手作磨刀冰"。李方膺酒后想起平生两次出仕两遭坎坷，不免呜咽泪下。袁枚解劝道："要看遭际竟如此，世事悠悠总偶然。先生无官时，人必与之官，先生不辞为是。而今以有官（按，指人体五官）之先生，人不与之官（按，指官场之官），先生不惋也是。"李方膺扶醉归借园，即作《荷花图》《兰石图》等，题诗分别有句云："谁知天道曲如弓"，"千古英雄泪不干。"

李方膺出事了,亲朋最关心。家乡的好友也都来了信,寄来了牵挂和思念,更寄来了温暖和宽慰。丁有煜写了两首诗来:

> 我住短草巷,君住梅花楼。
> 一日不见君,短草梅花愁。
> 梅花识岁序,短草空白头。
> 一官别五载,夜梦淮北游。
>
> 寄书不得达,缟纻思以遗。
> 颠踬曷足怪,春风不久留。
> 古来梁栋才,时命迥不犹。
> 昌黎与眉山,宁必寡远谋。

其时丁有煜已搬进通州城南严家巷的双薇园,李方膺的家梅花楼在城内州府西边寺街内。第一首以梅花、短草代彼此,说李方膺知礼数识次第,而自己虚度光阴白了头。两人一别五年,梦中都在想念。第二首说,五年来未能通音讯,缘于深厚的友谊,思念越来越强烈。现在知道你很不顺,世道如此,这是不足为怪的,有如一年之中春天不会常驻一样。自古栋梁之材的命运总是大不相同的,韩愈和苏轼一生几遭贬谪,岂是缺少深谋远虑!"梅花识岁序"这是知交在提醒李方膺要注意自己的脾气。这首诗中提到"一官别五载",大概诗作于乾隆十六年,从乾隆十一年春末到十六年夏天,刚好五个整年头。家乡的朋友还给他寄来一方印章"受孔子戒",李方膺明白这也是在提醒自己要克己复礼。他也在画上用上了。

乾隆十七年(1752),袁枚为了宽慰李方膺,还专门做了一篇《释官》的文章送给他。文章说,"官"有三种:"心,天官也。耳目口鼻,五官也。公卿大夫,百官也。"天官、五官,"天与之"。百官,"人与之"。与不与,全受制于天与人。李先生两次"摇组(挂印)鸣毂(上任)",两次被解官,说明"今之人已无求于先生,今之天犹有求于先生。"天有求于先生,则先生犹健。"于是有鼻而且甘乎椒桂,有目而且玩乎白云,有耳而且耽乎松泉,有口而且论乎是非。而且耳不随人听,目不随人视,四肢不随人约束。卧,可也;坐,可也;居,可也;行,可也。一日,可也;百年,可也。不以百官病其五官,而五官全。不以五官病其天官,而先生全……"袁文雍容豁达,说理清晰,又比喻生动,妙趣横生。这是出自一个知交肺腑的话呵,李方膺读后,心灵不期而呼应,且颂之不觉莞尔。

李方膺虽然身居金陵,但案子仍旧没有了结,心里尤其牵挂着狱中两个仆人,时时派人前去探视,并送些衣物。

乾隆十八年(1753)二三月,李方膺回到合肥,等待庐州府结案。他在五柳轩画了几幅画,其中作于二月的有《竹石图轴》,题诗曰:

一年画竹一年新,老可眉山两绝伦。
叹我笔无女子气,从前未学管夫人。

元代管道昇画竹饶有异趣。这里只是借用她的名字,落墨在"女子气"三字上。诗意既含蓄又明白,露出不屈的骨气。

又作于三月的有《松石图轴》,题诗曰:

君不见岁之寒,何处求芳草。又不见松之乔,青青复矫矫。天地本无心,万物贵其真。直干壮川岳,秀色无等伦。饱历冰与霜,千年方未已。拥护天阙高且坚,回干春风碧云里。

这棵松饱历冰霜,依旧秀色蓊郁,直干参天,葆其本色。万物贵其真,不怕云遮雾绕。

终于等到庐州公堂对簿。三堂六面对质时,太守还是拿不出明确证据。"审"了三年,还是说不清"五百金"从何处飞来？何人送？送何人？不得不当堂把被关的仆人放了。这叫查无证据却有责任。结果是案子白白拖了三年，人被白白关了两三年。李方膺被"莫须有"的罪名解了官，从此"政治生命"结束了。在封建专制社会里，上层统治者做的，就是对的。被冤枉了就只好被冤枉着。

李方膺愤慨地作了《庐郡对簿》四首诗。记载案情经过较清楚。清代嘉庆时，通晓吏道的通州知州王藻也深为李方膺鸣不平，在他编辑的《崇川各家诗抄汇存》中，为李作小传说"不善事太守落职"，并特地把这组诗保存了下来。这是历史真实的证词！第一首诗曰：

　　堂开五马气森森，明决无伦感更深。
　　关节不通包孝肃，钱神无藉谢思忱。
　　官仓自蓄三千秉，暮夜谁投五百金？
　　能使余生情得尽，拂衣归去独长吟。

这一首诗写官司突如其来，莫名其妙。堂审又拿不出铁证。李方膺愤愤地说，公堂上太守（五马）脸铁青，公堂下气氛森严，审问之详细特别不同寻常。既然如此，不免让我更要请问：包拯为官清正刚直，何时与何人通关节，"钱神"能手眼通天，有什么必要来巴结贿赂"谢思忱"。那整整存着三千秉的仓库里，又是什么人想贿赂我，不明不白地放进五百金呢？要是那人敢站到明处来，也就让我不再空负了他的一片人情了。我也好舒舒心心地拂衣扬长而归去了。五百金是多少呢？当时一个知县的月俸是三百金。古代贪污不到两个月的工资钱就要被罢官。

第二首曰：

　　三年缧绁漫呻吟，风动银铛泣路人。
　　是我不才驱陷阱，信天有眼鉴平民。
　　情生理外终难假，狱到词繁便失真。
　　念尔各收图圄后，老亲稚子泪频频。

这第二首写受累的两个仆人。知府老爷编织的案子分明有漏洞，无法把李方膺关起来，就只能把两个仆人投进牢房囚禁（缧绁）起来。李方膺说，善良的仆人坐了冤枉牢，哀号呻吟已三年，路人见了他们戴着镣铐的样子也为之流泪。这都怪我无能，误入奸人陷阱，害了他俩，但高天终有眼，明白平民的无辜！合情就合理，假不了。讼师的繁文讼词到底露出了它的不真实。可怜两个仆人被关后，他们的家人（老亲、稚子）不知流了多少泪！这是两个良仆，没有乱编供词。今研究者都认定是李方膺的家仆，不知何据。如理解为管理仓库钱粮等役使的衙仆，可不可以呢？"老"，不是指年龄，而是指生活经验丰富，诗中说得明白，他们上有老下有小。李方膺很怜恤下人，也很感激这两个老仆的诚实忠厚。看来他不但没有一走了之，而且还设法营救过他们。乾隆十六年（1751），李方膺专程找过"八闽大方伯"，不知是否为此事。

第三首曰：
　　公庭拥看欲吞声，愁听羁囚报姓名。
　　万口同词天尺五，片言示法眼双明。
　　肯从世道如弓曲，到底人心似水平。
　　两度寒温诸父老，却因对簿叙闲情。

这第三首写公堂上的听众。李方膺说，这个案子对堂的时候，围观听讼的人很多，都忍气吞声地静听传呼羁囚的姓名。庭上作证的几乎是同样一句话，只言片语的证词足以说明众人眼睛雪亮。世道不公如曲弓，众人却不肯昧良心屈从，由此可见人心是杆公平的秤。案子拖了两个寒暑（从乾隆十六年夏到十八年初，中间刚好历两冬两夏），诸位父老乡亲一直惦念着，今日在公堂上见了面，还殷殷地叙起别情。

第四首曰：
　　红尘白发两无聊，赢得归来免折腰。
　　七树松边花满径，五株柳外酒盈瓢。

是非终古秋云幻，宠辱于今春雪消。
　　莫笑廿年沉宦海，转从三黜任逍遥。

　　这第四首写自己解官归去的心情。他刚出仕时还算青年，现在已幡幡老年了。"廿年沉宦海"，经历了"三黜"。在乐安县受青州知府弹劾，在兰山县受沂州知府弹劾，现在又受庐州知府弹劾，想想真是红尘白发两无聊。他长叹一声，"是非终古秋云幻，宠辱于今春雪消"。从此归去来兮，做个陶渊明也免了为五斗米而折腰；做个罗浮山七松树下的仙灵也倍逍遥！

　　这期间，李方膺除了以上四首遣恨诗之外，还作了两首《两老仆释囚》诗：

　　　　此身不信得生还，狱底三年一息间。
　　　　皮肉未曾沾枕席，妻儿何处梦乡关。
　　　　风吹狱钥惊门启，雨打银铛湿泪斑。
　　　　魂魄释归犹未定，故人来吊哪开颜。

　　　　误尽苍生笑我痴，鱼殃城火竟如斯。
　　　　楚囚对泣两三载，狱吏呼号十二时。
　　　　眼孔无天堪见日，脚跟有地不埋尸。
　　　　古来多少伤心事，说与皋陶知不知？

　　两位仆人是家仆还是衙仆？无考证。不管是什么身份，都反映出李方膺是一个能体谅下人、有血性、有人情的好官。在《庐州对簿》诗中他说"是我不才趋陷阱"。这里他又说"误尽苍生笑我痴，鱼殃城火竟如斯"。他为两个仆人入狱一直在自责。这是发生在一个封建社会里的县官身上，可见李方膺的人品多么高尚！诗中的"皋陶"，是传说舜时分管刑法的长官，这里代指酷吏。两仆人在狱中受尽呵骂和皮肉之苦，不知妻儿在家如何悲痛。楚囚对泣，也不知能不能活着出去。现在虽然被释放，但仍然惊魂未定，哪里还笑得出来？诗中写尽对两个仆人的同情、怜悯。也许李方膺写到这里，又想起他父亲从福建带回来的一箱蜡烛头了。"棰楚之下何求不得，以词为听能保无冤？"他愤懑地发出了对提刑官的责问，你们知不知道百姓的冤情！

官事了，冤情白。他为两个仆人压惊，并安排他们回乡探亲。自己也准备告别合肥乡亲，回金陵去了。到底百姓眼睛亮、心里明，不忘好官，牵衣挽留，劝李方膺留在桐乡。并像当年李方膺下乡劝农时一样，热情地拉他去看小秧田，去尝新麦饭……李方膺又含泪写下了两首告别合肥父老的诗：

> 罢官对簿已三年，故国他乡两两牵。
> 行李一肩淝水外，计程千里海云边。
> 风尘历遍余诗兴，书画携还当俸钱。
> 莫道劳生空自负，几人游宦得归田？

> 停车郭外泪潸然，父老情多马不前。
> 茅店劝尝新麦饭，桑堤留看小秧田。
> 一腔热血来时满，两鬓寒霜去日悬。
> 不是桐乡余不住，双亲墓上草芊芊。

临别道口，乡亲们一片淳朴诚挚的真情，让李方膺牵马不前。他想起初来时，一腔热血，几度奔忙；而今两鬓萧疏，黯然离去，不禁头涔涔、泪潸潸。回首往事，风尘历遍，怅然慷慨，归欤心切。归去来兮！作别桐乡山水，不带走一片云彩；归去来兮！作别桐乡父老，只带走乡亲们的深情厚谊！

"行李一肩淝水外"，"书画携还当俸钱"。从此，李方膺完全冷了仕途心。他有两幅《风竹图》上的题诗这样说：

> 几年宦海任飘蓬，嗣后关门作画工。
> 自笑一身浑是胆，挥毫依旧爱狂风。

"爱狂风",是有感于人生重大摧折,也表示了不低头、不屈服的精神。"嗣后关门作画工","学得元章换米钱"。这倒好,正如他的好友丁有煜在《哭晴江文》中所说:"谢事后,其画益肆,为官之力并而用之于画,故画无忌惮,悉如其气。"

天、李晴江画法

李方膺《风竹图》

四、淮清桥北作画师

李方膺回到白下借园。他的借园位置在闹市区,之所以选择在闹市,就是为了卖画。

那么,借园到底在哪片闹市呢?李方膺说:"淮清桥直北。"古淮清桥,今仍存,仍名淮清桥,在夫子庙与白鹭洲公园(明为徐达东花园)附近。这地方当年如何热闹呢?得从历史上金陵城内的两条河说起。一条发源于溧水的秦淮河,其一支从古南京东水关(今通济门)进城,由西水关(今莫愁湖、水西门附近)出城。另一条发源于钟山的青溪河(吴引为东渠),溪泄玄武湖水,九曲南流,在夫子庙附近的古桃叶渡，汇入秦淮河。清初，废渡建桥，即李方膺画中也提到的利涉桥。站在淮清桥上向南望，一眼便见利涉桥。此二桥今犹存，相距很近，为风景名胜。淮清桥的"清"字也书作"青"，青溪的青，是古代的名桥，又称青溪大桥。后来青溪上游逐渐堙塞，今南京市的内桥稍东之古升平桥，经由淮清桥到利涉桥（古桃叶渡）汇入秦淮河的这一段，即青溪旧河道之下游（今已统称秦淮河）。李方膺的借园就在青溪河滨。"六朝佳丽盛青溪。"当年青溪、秦淮，"两岸河房，雕栏画槛，绮窗丝障，十里珠帘"，风光清幽。店铺、歌楼、酒肆密布。"曲中市肆，清洁异常，香囊、云舄、名酒、佳茶、饧糖、小菜、箫管、琴瑟，并皆上品。"人流如织，"来者皆不惜贵价"。这一带，河亭画舫，箫鼓灯明，银筝旧谱，钿笛新声，其繁华闹猛景象有两本书载之甚详。一本是李方膺出生前五年，即康熙三十二年（1693）余怀著的《板桥杂记》（今人李金堂注本尤佳），一本是在李方膺身后五十年，即嘉庆十年（1805）捧花生著的《秦淮画舫录》。

　　袁枚的随园靠近西水关，取境幽僻冷静，而李方膺的借园靠近东水关，是闹中取静。关于项氏借园，袁枚有两句诗描述："大水照窗前，新花插檐底。"可见，借园也是临水之屋，据记载，旧有项氏乐户败落，但不知此屋是否。其家有板桥，李方膺则戏称为虎溪桥，取"虎溪三友"之意。这是主人比附于袁枚、沈凤游，正如晋庐山东林寺慧远和尚与隐士陶渊明、道士陆静修相游一样。

　　李方膺春天从合肥回来，在借园画过几天画，可能觉得这样关门作画无人知晓。或是他朋友出的主意，或是他自己想起当年在家设计沧洲画会的办法，到酒楼歌馆去，借河房作画，门口再挂起书有"卖画"两字的布帘。这恰恰又是酒楼歌馆所欢迎的，门庭热闹，生意红火。总之，这年春夏之际，李方膺确是在河房作画。他有一幅《梅花图》，作于金陵河房。图上题诗道：

　　　　　静坐河房四十天，梅花涂抹两三千。
　　　　　遥知市井春以遍，笑煞匀芒当醉眠。

　　他沉醉于画中，勤奋挥毫，以至不知外面季节偷换。一连画了四十天，他的画也卖得不错。或问诗中提到的"河房"，会不会是借园里的呢？笔者认为肯定不是。一是李方膺知道，民间称河房即指歌楼酒馆。他不会把自己的住处也称作歌馆酒家。二是出现在他画上的河房、河亭有多种称法，如"金陵河亭""石家河亭""秦淮河水亭""秦淮河之石家河亭"，还有不明书河房实是在酒家河房的如"利涉桥""望鹤岗深巷""金陵酒村"……可见，他还不是固定在某一家河亭作画，声誉一噪，多家轮番邀请也是可能的。三是李方膺在自家作画都署"借园"或"借园梅花楼""借园虎溪桥""借园种菜亭"，从未见有"借园河亭""借园板桥""借园歌楼"字样。

　　李方膺来河房不单纯作画，也陪朋友饮酒听曲，捏笛观舞。清代王藻在《李方膺简介》里说他"性喜歌舞"，这是一证。今人或以为此语不实，其实并非虚言。袁枚和他一齐游玩，也说他"吹箫唱曲鼓舞之，乐莫乐兮画梅时"，该又是一证吧。李方膺年轻时，"江城都唱女郎词"，里巷"竟效吴腔"成时尚。少年李方膺与丁有煜订交不光是学画，丁是海门人，一口吴语，犹喜昆腔，想必这对李方膺也会有影响。古之士林，好尚"江左风流"，亦不能用今人眼光视之。查李方膺画作中所记载，他在这一段时期出入于河房，卖画、听曲、观舞，并非纸醉金迷、莺哥燕姐作狭邪之游。李方膺守家规，不携妓，不纳妾，正如《板桥杂记》作者所言："偶适其性情，亦何害为君子哉！"再说酒楼女子，莹洁玉光，善吹弹、善歌舞、善诗画，更知理义有坚守，绝非倚门卖笑、篱壁间物。想必李方膺也读过《板桥杂记》，他对乐籍女子的品貌、才情及其多舛的命运是很了解的。君不见他在晚年所作《梅花长卷》上赫然题有"歌童舞女亦梅也"的词句，并将她们和"硕德宏才"并列，称赞她们能与"日月星辰""山河川岳"并存！如斯，李方膺一度出入河房，听曲、观舞，消愁破闷，又何作为怪呢！再说李方膺作画时，尤喜欢听人吹笛唱曲。这也是历代书画家常有之习。张旭观人舞剑而悟草书之韵；陈老莲听人歌吹而愈觉挥毫有神。这或就是唐代张怀瓘说的"异类而求之"现象吧！其实，这种"异类而求之"，并非替代画家"师造化"，而是画家借助对异类艺术的感悟，增强了笔下的表现力。看李方膺画的梅枝、兰叶，就有一种音乐的节奏感和舞蹈的律动感。

李方膺在河房作的画中有一组《三清册页》。三清者，梅、兰、竹也。共十二幅。题梅诗如：

　　雪晴月上晚风香，屋后梅花次第芳。
　　天与遭逢迟岁暮，非关生性喜冰霜。

　　五月梅花泼墨池，孤标别韵不逢时。
　　虽无索笑巡檐客，心骨清凉我自知。

　　梅花与我本同乡，别后年年入梦长。
　　熟读何郎诗百首，十分心思一分偿。

题兰诗如：

　　光风转蕙便成春，峻茂孤洁实可人。
　　不信灵均树百亩，半随艾萧半沉沦。

　　镂琼结佩露风清，千古痴人一屈平。
　　峻茂曾垮三百亩，芳心何处立修名。

题竹诗如：

　　凯之竹谱不离身，到处挥毫便赠人。

　　　　自信俗肠为吏老，清风可扫积年尘。
　　……
　　以上署"晴江题于石家河亭"，或署"夏五，于金陵秦淮河石家亭为铁君先生作"。其时秦淮河边有"石婆婆巷"，不知是否即作于此巷内酒楼。这位"铁君先生"是袁枚之友，姓李，名锴，字铁君，自称焦青山人，善诗爱画，著有《蠨瞑斋集》。李锴不以父为总督为荣，而能隐居不化。这次或为李方膺捧场来了。这组画上，印章除"淮南布衣"之外，又见新章如"不饮酒""江左陋儒""游方之外""游戏"等。有一方圆形阳纹印章尤为有趣，刻外圆内方两框，中间镌一"天"字。这表示智圆行方，内心正直不阿。"天"者，心也，按大儒之说，"理之所从以出者也"，天理在心！另外还有《梅花册页》题诗：

　　　　绿萼朱砂刺眼明，巡檐索句最多情。
　　　　只愁淡墨轻烟色，春到无人问姓名。
　　　　雪意风情逸韵增，淡于秋水洁于冰。
　　　　知他不是风尘客，位置瑶台第一层。

　　这组册页署"写于金陵河亭"。"绿萼朱砂"一首两年前作于合肥五柳轩，这里第二句改了几个字。又有"雪晴月上晚风香"一首原题于石家河亭，今见重题，鉴此，也可见金陵河亭与石家河亭不是一家。又有《墨菊册页》，"夏日写于利涉桥"，题诗道：

　　　　最爱东篱菊，闲来笔底开。
　　　　自惭腰折吏，羞对此花栽。

　　有《竹石图轴》，"六月写于金陵望鹤岗深巷"，题诗道：

　　　　有肉之家竹不知，何惜淡墨一枝枝。
　　　　老天愁煞人间俗，吩咐清风作画师。
　　……

这些诗中，如言"心骨清凉""人情看破""有肉之家竹不知""天与遭逢迟岁暮，非关生性喜冰霜"等，都透露出不随俗流的傲骨清气。

俗话说，风雨见故交。从乾隆十一年（1746）到十六年（1751），李方膺与乡亲多年未能谋面。他的朋友都记挂着他。李方膺也想念着朋友。乾隆十六年七月曾为保培源作《墨梅图轴》，在画上的题诗中还说："我有乡思来笔下，小楼四面看梅花。"他的思念溢于画面。乾隆十八年（1753）八月，李方膺官司了结了，居住在金陵借园卖画。保培基带着自己刚刚编成的诗集《西垣集》，匆匆赶来金陵探望。李方膺为其诗集题尚，并有题诗。可惜李方膺的"梅花楼诗集"二卷已佚，这首诗已找不到了。但从保培基留下的一首诗的题目上还可以看出，李方膺确有"题集"诗。保诗的题目是：《癸酉金陵别李晴江即用题集原韵》。这说明保诗是依李方膺题集诗的原韵而做的。全诗如下：

又共秦淮载酒游，眼前忽集百端忧。
人无燕赵生无赖，吏不龚黄死不休。
君袖清风挥白下，我怀明月去扬州。
比邻岂乏归耕地，徒望乡关各掉头。

从保培基的诗中，我们还可以想象出当时情景：好友来了，李方膺陪他载酒游秦淮。李方膺对知心好友说起心中的不平，未免露于形色，这也引起保西垣的深切同情。前四句既表达了安慰，也道出了同情与慨叹。保西垣了解李方膺的内心痛苦，深知他是一位有志有为的人，他有心要像汉代循吏龚逐、黄霸那样治理地方，企求达到"户口殷盛，刑务简阔"，"无政有成"的境界，奈何上司不容，怎么不让人痛心疾首！下四句咏惜别。"比邻岂乏归耕地，徒望乡关各掉头。"归去何愁没地种，何必故国他乡两相望！这里有殷殷劝说李方膺回乡之意，并且寄托了希冀"绿杨宜作两家春"，两人常作比邻游的愿望。这是多么纯洁、真挚的情谊呵！倾心相处的朋友才说得出这样的话，这有如白居易与元稹的交情。李方膺还陪保培基重访了袁枚。保、袁两人早在乾隆四年（1739）就成忘年交了。当年袁枚还为保培基的《摇鞭图》做了一首题画诗。这次，袁在其所编的《随园诗话》中，也选进了"四乡居士"保培基的诗。

第八章　独以诗画荐轩辕

一、三君偕游生死交

自从李方膺安居借园后,袁枚、沈凤和李方膺三人,三日不相见,便会起思念。他们一同出来游山赏水,时人谓之"三君出洞"。乾隆十八年(1753)八月二十九日,秋气爽朗,三人在随园一叙,杯酒甚欢。午后,袁枚又引二位携杖沿着石头城向北走去,他说前面不远处,隐仙庵里有大片桂花可探。

嶙峋山石堆里果然藏有一座"茅庵"——隐仙庵。这里称"庵",不是比丘尼的修行处,而是道家修仙之所。因其小且是茅屋,故称"庵"。道庵不大,却广有院落,围着偌大一片高高低低的山冈。院中山房幽深,花木扶疏。山冈之上有竹楼,山冈之下有寒潭一碧。这一带离随园不远,好像袁枚是常客。庵中道长姓卓,见三人飘然而至,犹如神仙一般,忙引导客人登上竹楼用茶,并安排了琴樽,亲自为客人拨弦。琴声悠悠,以佐赏桂。三人朝下一看,遍岗都是桂树,绿叶流翠,似碧云一般。可惜今年花期迟,居高更不见金屑玉蕊绽放。下得楼来,三人在树下徘徊,低头见满地树影婆娑,抬头寻花朵离离。袁枚则吟出一首诗来。诗曰:

游山同队行，看山各自领。
不逢桂花开，且踏桂花影。
桂蕊何离离，蓄意如未逞。
寒潭明空霜，禅室纳虚景。
脉脉夕阳沉，泠泠天风冷。
道人登竹楼，弹琴万山顶。

　　三人出得隐仙庵，归途见天光犹明，袁枚又领二位曳杖信步来到古林寺。这寺院隐在满山松竹里。三人一路走来，身上落满松花竹影，刚到寺门，又听见阵阵经声飞出门外。寺里主持禅师特别爱竹，满岗翠绿，有"万竹"之称。可见和尚爱竹到什么地步！这寺中主持和尚与袁枚还颇有交往。袁枚初入随园，曾芟去园中苴竹。后见古林寺的竹林枝枝挺拔、竿竿撑天，十分羡慕，又想要栽竹。主持和尚知道了，亲自带了十名工人，扛了二十四棵大竹来，并帮助栽好。随后又发现某处还少二十棵，隔日，和尚又送了来。袁枚表示感谢，特送和尚绿绮琴一樽，从此结为好友。今日，大和尚见袁枚带了两位朋友来，十分欢喜，忙命小僧涤器、煮茶，又吩咐厨房准备素斋……李方膺见满山满寺的琅玕也很喜爱，和尚也即表示，等十月初冬时送到借园。李方膺自然高兴。三人在古林寺小憩，出山门时已是日落西山，暮云万叠。袁枚诗兴犹浓，又作一诗云：

曳杖随所如，小憩古林寺。
经声如有人，松花飘满地。
一僧长眉青，万竹短篱翠。
为我涤斋厨，供以伊蒲味。
时当晚课齐，各各参佛义。
余亦慧业人，拈花领微示。
出门秋正清，下山月犹未。
回头云一重，钟声渺烟际。

十月里，古林寺禅师没忘给李方膺送竹子。李方膺也报之以一幅《墨竹图》。今见李存世《墨竹图》上钤有"此君和尚"和"竹仙"二印。此君者，竹也。不知"此君和尚"是否即古林寺大法师别号，抑或此二印只是李方膺闲章？

这年冬天，李方膺潜心于研究画梅的位置经营与笔墨变化。他对"疏枝横斜"四字又有新悟，经营位置由复杂到简洁是一个飞跃，又从简洁回复复杂，伸展转折、穿插向背，以至三棵四棵十棵百棵，幡然巨幅，无不能得心应手、运用自如，这又是一个大飞跃。他心里欢喜，接连画了几幅立轴，幅幅都画得枝枝复交，向背有序，并且都题上"逃禅老人画梅真有疏影横斜之致"的话语。刚巧袁枚又招饮，他特地挑选了一幅自己最得意的，携带上车驰往随园，准备送给袁枚。那天，袁枚、沈凤见此图欣赏了半天，赞不绝口。又见画的右下角还盖有一枚"衣白山人"的印章。袁枚说："好！如此佳构，我亦用最美印章钤上，否则不足为配也。"一

李方膺《梅花图》

高兴，便拿出他新近得到的两方玉石朱文宝印，细心地钤在画上。这两方印文是"大观宝瑑"和"秘府珍玩"，原来是两方宋印。沈凤是金石家又是鉴赏家，他在印下题了下面这样一段话："北宋徽宗玉玺也，今在人间待贾。简斋太史偶印于晴江明府梅花立轴。画笔出尘而古玺亦所难得，将来必并传矣。补萝老人沈凤。"

也许是这幅画让袁枚一冬倍添了对梅花的兴致。不等

开春,他便张罗开了"典衣"买梅、"量山"种梅的事情,接着又是探梅、看梅、折梅、咏梅……忙得不亦乐乎。随园梅花一放,他又邀集好友赏梅。饮酒的、咏诗的、鼓琴的、作画的,各逞一能。李方膺当场画梅。袁枚说他是"随园二月中,梅蕊初离离。春风开一树,山人画一枝"。随后,他将这四句续成一首长诗《白衣山人画梅歌》以赠李晴江。全诗如下:

　　山人著衣好著白,衣裳也学梅花色。人夺山人七品官,天与山人一支笔。笔花墨浪层层起,摇动春光千万里。半空月斗夜明珠,满山露滴瑶池水。倒拖斜刷杂乱写,白云触手如奔马。孤干长招天地风,香心不死冰霜下。随园二月中,梅蕊初离离。春风开一树,山人画一枝。春风不如两手速,万树不如一纸奇。风残花落春已去,山人腕力犹淋漓。君不见君家邺侯作贵官,如梅入鼎调咸酸?又不见君家拾遗履帝阍,人如望梅先止渴?于今北海不作泰山守,青莲流放夜郎沙。白发千丈头欲秃,海风万里归无家。傲骨郁作梅树根,奇才散作梅树花。自然龙蛇拗怒风雨走,要与笔势争槎枒。山人闻之笑口哆,不觉解衣磅礴裸,更画一张来赠我。

　　这首诗一开头说李方膺好衣白,穿衣也学梅花样,老天要他留画在人间。他的手巧,"春风不如两手速",倒拖斜刷、笔落墨飞,"摇动春光千万里"。他的画妙,"万树不如一纸奇",疏枝横空如风中摇动,花光明艳似月下争辉。虽然山人官场不得志,但其永葆祖传的梅花品格和梅花性情。袁枚当众朗诵,李方膺听了直笑不已。

　　李方膺身在异乡常常想念家乡。可以这样说,李方膺在异乡作画凡署上"梅花楼"时,便是他乡思袭心时。尤其在挂官之后,乡思更为强烈。不为卖画不居他乡。乾隆十九年(1754)正月,他在借园过春节。每逢佳节倍思亲,人之常情。李方膺喝着闷酒,只有作画寄怀。他画了一组《墨兰册页》,一幅署"正月写于金陵",一幅则又署"写于梅花楼"。

一组册页里两次署作画地点不多见,可见他当时对故园梅花楼的思念。人在寂寞时也往往会勾起痛苦的回忆。他在纸上挥笔横扫,画出一幅《风竹图轴》,题诗道:

　　波涛宦海几飘蓬,种竹关门学画工。
　　自笑一身浑是胆,挥毫依旧爱狂风。

　　这首诗前面已提到过,首句"几年"改为"波涛",次句"嗣后"改为"种竹"。他反复地用这首诗来题画,也显示出他心中的怨气未消,然而绘画之志更坚定了。之于画"风竹",故不自李方膺始,如元代顾定之、夏昶,明代高松、徐渭等都画过风竹,且也画过狂风,但都停留在对自然现象的写真上。而李方膺笔下的大风(不是薰风),如前所说《风松》的风,都是意有别指、趣有另味,寄托内心痛苦的。这就突破了宋元文人画的境界。

　　立秋后,他正想回家看看,袁枚约他一起去看望庄念农经畬。庄念农上次被罢官,幸遇钦差舒公平反。这次又被罢了,原来平时不做事的秋后算账派仍旧揪住他的老问题不放。"宠罢马援谈薏苡,功成李牧算军租。"还是上次皇帝南巡,他负责安排迎銮接驾的"供张",花销可能手脚大了些,最后账算到他头上了。不充军也得罢官。罢官后,庄念农也住到金陵南城来了。据袁枚集中的诗看,位置还在借园南,也"近水",有"河房"(见袁诗《宿庄念农河房作》)。古人说,贺下不贺上。庄念农回来了,袁枚反倒乐了。他说:人生"升沉"算什么,"一笛迎霜万木疏","同惊秋水波难定"。如今"挂冠人正聚江湖","青溪重听子牙音",好朋友反倒可以好好相聚了。知音难。天下知音能得几回聚?李方膺也十分珍惜袁枚的友谊,可他乡思来袭时又怎么能排解!

　　随后,李方膺回了一趟通州。他决定回去过一个中秋节,来回路过扬州时也留下了作品。有题画诗为证。诗曰:

十三楼畔邗江东,馆阁清标韵不同。
　　风雅不归欧永叔,梅花何处问遭逢。
　　生憎施粉与施朱,高挂青天明月殊。
　　春到江南称第一,雕冰镂雪墨痕无。

　这一组册页不全,第一首诗里写的分明是扬州平山堂的掌故。又有:

　　借园啸傲嗟穷老,故土归来慎始终。
　　入梦暗香闲有伴,诗书题句写初衷。
　　画梅手段夺天工,竹石丁东淡荡风。
　　春日花朝清瘦笔,秋光野溢浅绿丛。

　这两首诗题在《梅竹图轴》上,画于借园,却是刚从"故土归来"时。他回到故土,又想到当年走出家门"奋志为官、努力作画"的"初衷",格外感慨。还有一首题梅花图诗,收入《梅花楼诗抄》。诗云:

　　别后相思近十年,梅开几度到窗前。
　　并无好话酬知己,学得元章换米钱。

　从诗的内容看,这幅画很可能是在家所作,而且是在乾隆十九年(1754)。说作于乾隆十九年,是因为一则李方膺诗里多次提到王冕卖画换米钱的事,多出现在此后的画中;二则诗中又说"相思近十年",从乾隆十一年(1746)外出以来正好"近十年"。这中间虽然曾经匆匆回来过,又都不在梅花开时。

　八月九日,中秋临近,金陵秋雨涔涔。袁枚独自一人望着窗外的桂花树,桂花却被雨打风吹了。他忽然发觉好多天没有见到李方膺和沈凤了,觉得"交好沈、李二公,爱而不见",无聊之极,便在灯下写了一首遣怀长诗《秋夜杂咏》。其中有一首,专门写他对李方膺的思念。他说:"我爱李晴江,鲁国一男子。梅花虽倔强,恰在春风里。"这是指李方膺有山东汉子秉直的性格,同时又有江南人的妩媚。"两搏扶摇风,掉头归田矣。"这是指他两次被解官,遭遇大风摧折。诗里又说:"君言我爱听,我言君亦喜。陈遵为客贫,羲之以乐死。人生得友朋,何必思乡里!"看来李方膺的思乡情结和这次回乡探亲他是知道的。他为好友的一时分别深感郁闷惋抑,恨不能像陈遵那样,朋友进了门,就把大门锁上,把客人的车轴投到井里……不让他们再回去了。

秋末,李方膺回来了。袁枚却在这个秋天病了,直至除夕,"不理发,不饮酒,不茹荤"。李方膺关在借园拼命作画。他画了几幅《墨梅图轴》,有题如:

十日厨烟断未炊,古梅几笔便舒眉。
冰花雪蕊家常饭,满肚春风总不饥。

真的断炊揭不开锅也不至于,可能天阴,多雨,好友又病,画也卖得不多,心情苦闷,发发牢骚。不过他只要一想到梅花的品格、性情,不吃饭也不会饿!高尚的品格让人不畏困厄。

乾隆二十年(1755)立春后三日,久病的袁枚身体好转,"刚开病眼",就得知沈凤六十九岁生日快到了。民间有"贺九不贺十"的习俗。今年当贺凤翁七十寿辰。沈凤有两子,早夭。有孙尚幼,与寡母居庐州。沈凤"古稀"在望,自己不想大闹面,却要请袁枚、李方膺一聚。作为好朋友也在所不辞。他年近古稀,自编印了一本《谦斋印谱》自寿。袁枚作了一首六十二句的长诗《谦斋印谱歌》来贺寿。歌中称赞他的篆刻云:"青石触手成秦碑,一刀初落追李斯,二刀再入扫张芝,三刀四刀万马驰……""唐印如篰宋印丝,惟公兼之孰与媲。"然而沈凤"七摄县令"却未曾有一次机会"入都",而且致仕后,"老病寄膳"至今。因此,袁枚又说"惜哉先生不遇时,无人荐之轩与羲",不过好在"先生古貌清且奇",寿者相也。最后袁枚祝福他说"愿公寿考永不违"!

李方膺拿出一幅去冬刚画的压箱底的精心之作《梅花

图卷》,特地又在上面补题了十首诗,拿来"奉贺凤翁老先生七十大寿"。诗曰:

万树梅花供寿筵,霜眉雪鬓艳阳天;
任他絮絮家常话,阅历春风五百年。

最爱南枝有主张,不逢知己不芬芳;
自从水部识名后,千载重来一沈郎。

姿清气古老梅根,聊缀疏花点淡痕;
纵使岭南三百树,繁枝密蕊画儿孙。

懒修边幅怕逢时,孤立人间知不知;
冷淡宁甘修粉泽,繁花无度却胭脂。

一两三枝竹外斜,凌凌风骨远无涯;
不因人倩消寒气,石破天惊放素花。

悃愊无华望若空,松姿鹤貌两相同;
天生瘦骨坚如铁,时历重枰不怕穷。

联珠缀玉满庭香,正是繁华第一场;
回忆三冬经历苦,几番冰雪几番霜。

细数梅花交不多,秦松汉柏往来过;
非关眼界高千古,冰雪为心奈若何。

先生风雅出寻常,爱我梅花梦亦狂;
坞外白云新世界,扬州明月归家乡。

称觞再拜我奏篚,一朵梅花酒一卮;

二十四番风领袖,献春美意未舒时。

第一首戏说沈凤是一位可爱的知识满腹又喜欢唠叨的好老头。第二首说沈老头是何逊第二,又一个"梅花"知己。第三、四两首说,沈凤就是一棵"老梅根",只求真体内充,不屑脂粉,不修边幅,宁甘人间孤独。第五、六两首说,沈凤和自己是貌同神同的知交,其外凌凌风骨、松姿鹤貌,朴实无华;其内,骨坚如铁,不畏寒气,不怕困厄。第七、八两首说,世上知己不多。自己经历了几番坎坷,有幸交上凤翁和简斋,都是肝胆相照、心灵透明的梅花之友呵!第九首中"梅花"亦双关,指画亦指人。李方膺说,儒雅的凤翁对自己情真意挚,可是他乡最终不是家,只能留下一卷《梅花图》,供沈翁寄思念。他要乘着明月"归家乡"了。第十首又回到寿筵上来,表达了心里对凤翁的最美祝愿。

这幅梅花手卷沈凤异常喜爱。他在卷前书写了"玉魄冰魂"四个大字,并加长题说明原委:"乙亥春,天气晴和,梅花大放,遍满江城,数十年中所未有者……""晴江明府,江南老画师作长卷赠余,高九寸,长二丈九尺,浓淡得宜,肥瘦适当,参差向背,姿态天然,生平得意之笔。"从此,沈凤把李方膺的画精裱成帙,藏于铁蕉山房,时时展玩。

不过,袁枚、沈凤读到李方膺贺诗中的两句"坞外白云新世界,扬州明月归家乡",又不禁悄然生发了许多伤感。留不住呵,君有家小在通州!

二、故国他乡两两牵

李方膺比沈凤小十岁,乾隆二十年(1755)刚好五十九岁,"花甲"在眼前了。他有兄长,有子侄,还有一起长大的好友,都在通州。再说双亲墓上木已拱,教他怎么不思乡!

李方膺又一次在朋友面前流露出对家山的强烈思念和归乡之意,袁枚以为他随即就要回去了,就写了三首离别诗《送李方膺还通州》。诗云:

　　才送梅花雪满衣,画梅人又逐花飞。
　　一灯对酒春何淡,四海论交影更稀。
　　往事随云风里过,绿阴似水马头回。
　　白门剩有三君号,沈约颓唐李愿归。
(原注:白下称余与晴江、补萝为三君)

　　署得新衔桑苎翁,儿孙迎出落花风。
　　闭门展卷千秋在,傍海为家万象空。
　　锦里故人排日饮,桃源流水满村红。
　　回头应问张宏靖,丁字何如两石弓。

　　小仓山下水潺潺,一个陶潜日闭关。
　　无事与云相对坐,有心悬榻竟谁攀!
　　鸿飞影隔江山外,琴断音留松石间。
　　莫忘借园亲种树,年年花发待君还。
(原注:晴江所寓号借园)

诗中依依不舍之情,读来令人心旌摇荡。第一首中以沈约代指沈凤,李愿代指李方膺。说梅花刚随春去,画梅人又要随花去了。这个春天多么没趣,这壶春酒又是多么没味!凤翁已经老迈,晴江又要回去,从此石头城里也只空留"三君"的名号了。第二首想象李方膺回到家乡的情景,写得如此的生动。儿孙像一阵风似的跑出来迎接他,亲朋故旧挨次排着日子来邀请他。难怪晴江归心似箭拉不转,可是晴江归去一旦想起我们,心里头又是什么滋味?袁子说,这种读书人的深厚交情,要比武夫开两石弓重得多了。不信,可以问问唐勇将张宏靖(德宗时左仆射张延赏与苗夫人子,善射,人比李广），听他说说感想如何。第三首说他自己从今一个人冷冷清清多么寂寞。无事与白云相对，悬榻无友朋攀谈。最后说，李归去后鸿飞音留，借园花木还惦记着主人，希望他常回来看看。诗写好了，忽然得知李方膺并不忙于回乡，而是先要去合肥，袁枚顿时转忧为喜。人生离多聚少，好友聚一次多一次。他忙拿出瑶华笺，折简招晴江，约聚随园赏杏花。信写得十分风趣诙谐，送行诗也附上了，以表达他对晴江的思念。袁信的全文如下：

旧雨不来，杏花将去。仆此时酒价与武库争先。足下来车，亦须与东风争速。不然，则残红满地，石大夫虽来，已在绿珠坠楼之后，徒惹神伤。送行诗呈上，所以多用小注者，恐百世后，少陵与孔巢父交情，费注杜者几许精神，终未了了故耳。足下去矣。所手植借园花木交与何人？何不尽付山中，当作托孤之计？赠花如赠妾，不妨留与他人乐少年也！如不见信，可使歌者何戡与花俱留。他年仆则曰："璧犹是也，而马齿加长。"兄则曰："树犹如此，人何以堪！"岂非一时之佳话哉！合肥可有诗人否？可将鄙作带往，教令和成，归而镌板，压之行李担中，较羊肉千斤、肥牛百只，轻重何如？

信中"旧雨"是老朋友的意思。何戡是唐代乐人，这里可能戏指李方膺的侍者、善度曲又会侍弄花木的何蒙泉。袁枚说，你再不来，杏花要谢了。不要像石崇，等他的爱妾"绿珠"坠了楼之后再赶去，就只能徒有神伤了。他说，李方膺回乡去，他愿意代为护理借园花木。"山中"就是小仓山、随园。要不然，可把你的侍者何戡和花木一起留在我这里，以便他年相见，大家还能看到这些你亲手所植的花木。到那时，你我又会发出怎样的感慨来呢……袁枚还希望李方膺把他的送行诗带到合肥，请那里的诗人唱和，然后带回来一并刊印，岂不是情重千钧、义薄云天！

李方膺去合肥是应朋友之约，还是去卖画？没有记载，也没有见到他在这期间作于合肥的画。他从合肥回来后,有无回通州?专家们说法不一。有说他回过通州,证据就是上面列举的李方膺和袁枚的诗。说他没有回去,理由是三月、四月都有在金陵作的画。笔者以为时间上没有矛盾。李方膺赶在清明节前到家扫墓,然后于"三月立夏后六日"之前回到金陵,又在借园作画,这中间从清明历谷雨到立夏过后,有一个多月的时间,足够他回程的了。

李方膺回到借园已是初夏,小别一二月,园中景物变化喜人。池水涣涣,绿树油油,鸟逐花间,上下飞舞。他决定于"立夏后六日"邀请沈凤、袁枚及刚从扬州来金陵卖画的金农,一起来观赏借园夏景。书简已发出,水酒也备好。不料到了约定的这天,忽然大雨倾盆,越下越泼,一点不见有停下来的迹象。李方膺望着门外,大雨下得起了烟雾似的,根本不见人影和车马,甚觉无聊。他便让侍者吹箫的吹箫,度曲的度曲,并为他研墨伸纸。他挥毫画梅花,一气画出数十棵,有老梅有新枝,有近树有远株,阴阳向背,交叉穿插,气势飞动,花光照人。这是妙手偶得呵!他乘兴在画上题道:

借园初夏,万绿迷离,池水盈岸,鸟语高低。约沈凡民、袁子才、金寿门共赏之。适大雨滂沱,诸客不至。无聊之际,命李文元吹箫,梅花楼侍者鲁竹村、何蒙泉度曲,郝香山伸纸研墨,画梅花长卷数十株,兴之所至,一气呵成。客来一乐也,客不来又一乐也。可见天地间原有乐境,视人寻与不寻耳。时在乾隆二十年三月立夏后六日,李方膺字晴江,南通州人。

次日,雨霁云散,丽日中天。李方膺又折简附画,让郝香山送到三位门上。先交沈补萝,索题片羽。本为聚酒借园一叙,忽变赏画赋诗,亦一雅事也。沈凤接信见画,喜题道:

孟公爱客真成癖，风雨偏嫉屐齿过。留得梅花公案在，不须天女问维摩。一卷分明主客图，淮南风月赋闲居。溪桥重结探春约，看我来□□□。晴江招集借园未□，索诗□□□。沈凤。

大概李方膺信中有欲请天女问诸大菩萨，为何当日一个都不来的戏言，故沈诗也有戏答，说，有梅花作证孟公好客，不须天女问维摩。沈凤题好又交袁枚。袁枚更狡黠，说李方膺有意安排在雨天请大家，好让大家不能来。他戏题道：

李侯画梅梅不奇，不敢来求袁子诗。袁子题诗诗不好，先被梅花要笑倒。他侯此画真奇哉，请客不来梅花来。吹箫唱曲鼓舞之，乐莫乐兮画梅时。开头一株疑老龙，剪云作甲翔东风。二株花，纷槎枒，水仙玉女披袈裟。三株四株如朋友，我学弹琴君饮酒。到头涌出昆仑山，无人敢当梅花香。此诗此画终如何？请君再问沈补萝。不来客袁子才题。

袁诗以玩笑开头，说画不奇，诗亦不好，请客客不到，反而梅花跑来了。等咏到"到头涌出昆仑山（按，指画气象磅礴），无人敢当梅花香"时，谁还说画不奇？谁还说诗不妙？真是画奇诗亦妙。画又送到金冬心那里。金冬心看后岂肯甘居落后！他又换了一个角度题道：

人生天地乃借境，即事抒怀本无定。李侯折柬招借园，同人俱是梅花仙。天不与人以假借，不借之借真奇缘。拖泥带水来恶客，转恐主人翻减色。风雨声中杂管弦，清华才调孤高格。淋漓泼墨写横斜，老干新枝共几丫？吁嗟乎！天不雨，客不阻，宴会欢呼何所取？铁骨冰魂寄此心，人与梅花共千古。杭郡金农题此志谢，时年六十有九。

金冬心说，"同人俱是梅花仙"，一仙来邀诸神仙。天雨好，天意不肯借于"恶客"方便，却有意要成全一个画家的精品创作。否则，不过一场宴会欢聚，又有何收获！到底主人才调格高，铁骨冰魂，人与梅花定然不朽。

李方膺《梅花长卷》局部

这幅《梅花图卷》艺术水准确实很高。五年后郑板桥见到后也推崇备至，赞不绝口，说："晴江李四哥独为于举世不为之时，以难见奇，以孤见实，故其画梅为天下先。日则凝视，夜则构思，身忘于衣，口忘于味，然后领梅之神、达梅之性、挹梅之韵、吐梅之情。""此卷新枝老干夹杂飞

《梅花长卷》题款

舞，使莫得其起落。吾欲坐卧其下，作十日功课而后去耳。"

四月六日，李方膺又作《梅花图卷》，画上古梅根几棵，老干数枝，着花新枝无数，纷披如雨。朝气勃勃，春意盎然。画上又题了一段妙语，堪称精美小品文。全文如下：

予性爱梅。即无梅之可见，而所见无非梅。日月星辰梅也，山河川岳亦梅也；硕德宏才梅也，歌童舞女亦梅也。触于

目而运于心,借笔借墨,借天时晴和,借地利幽僻,无心挥之,而适合乎目之所触,又不失梅之本来面目。苦心于斯三十年矣。然笔笔无师之学,复杜撰浮言,以惑世诬民,知我者梅也,罪我者亦梅也。

这段奇文,开头四字,简明扼要,言自己性爱梅的高洁、梅的品格。接着引出下面三句奇思妙文:说即使不见梅花开,平生所见皆是梅。一奇也。说山河川岳与日月星辰皆是梅,二奇也。说歌童舞女与硕德宏才亦皆是梅,三奇也。尤其妙在将"歌童舞女"与山川星辰、宏德伟人并列,更是四奇也。这简直是对传统思想观念的颠覆!若按照封建礼教,怎可以混淆上九流下九流?孔丘曰:"惟小人与女子难养。"李方膺这里完全反了。只有理解了这个人群,才能说得出这样咄咄逼人的话。李方膺心目中的梅,无位置高下之分,无贫富贵贱之别。譬如歌童舞女,身虽下贱,而性如梅洁。质之《板桥杂记》,那些乐籍才女、青楼歌伶,"家家夫婿是东林",何陋之有?而那些被拒之于楼门之外的阉党权贵、伧父巨贾或声名恶劣或万贯铜臭,又如何能与梅相提并论!李方膺说,自己潜心于此三十年,知梅、识梅,才能信手一挥而得梅之真实面目。让别人议论去吧!说杜撰浮言也好,说惑世诬民也罢,千年之后,知我、罪我,两由之。这是多么超世脱俗、多么闪光的思想呵!最后落款是"乾隆二十年四月初六日,写于金陵借园虎溪桥。李方膺字晴江,南通州人"。

是年七月,李方膺在借园创作有《竹石图》和《墨竹册页》,其题诗有:

学画琅玕二十年,风晴雨露带疏烟。
平生有癖医无药,万嶂青云要补天。
人逢俗病便难医,岐伯良方竹最宜。
墨汁未干才搁笔,清风已净肺肠泥。

"癖"与"俗"有本质区别。俗是官瘾,癖是补天之志。

一味钻营向上爬的是恶俗小人。报国无门,英雄无用武之地才是真正的痛苦。

是年入秋之后,李方膺有题《墨梅图》诗云:

> 元章炊断古今夸,天道如弓到画家。
> 我是无田常乞米,借园终日卖梅花。
> 凫茈两碟酒三卮,索写梅花四句诗。
> 想见元章愁米日,不知几斗换冰姿。

诗中"凫茈"即荸荠,又称乌芋。《汉书》载,南方饥馑时,人皆入野泽,掘而食之。李方膺习惯于"萝卜青盐大蒜头"下酒,也见生活并不奢侈。但此时李方膺尚有三杯酒沽,还没有像陶潜穷得只能望糟车解馋的地步。可能卖画收入少点,日子过得稍紧了。他感慨先前天道不公在官家,而今又轮到画家头上了。又有《兰石册页》题诗云:

> 楚畹辛苦倍悄然,紫茎膏润绿冰鲜。
> 是谁肯贮赏磁斗?尽日临窗镇十年。
> 芳菲孤洁入山深,泣露啼烟香满林。
> 一自灵均吟泽畔,不逢知己到如今。

没有人肯用精美瓷盆盛兰蕙,兰蕙只有回归深山;没有知己赏识忠臣,忠臣只有流落林泉。这里的"知己"不是指朋友,而指当年的分管水部的大学士朱轼、山东巡抚岳浚、法敏及福建道台魏壮等一类的"硕德"人物。失志、不遇的苦闷时时袭来,往往中宵难于成眠。辗转于床笫,不如起而散步于中庭。明月从云隙中穿出,徘徊于庭院,上下空明澄澈。李方膺带着酒意与怨怀,取了一支竹笛,对着漾于借园池塘中的月影,吹出了凄清的曲子……已是更深夜半时分,笛音格外激扬。忽然有人打门,没有想到竟然是不速之客袁枚来了。原来袁子才路过,听到借园河边传来清越的笛声,就敲门进来了。袁枚有诗记载了这次巧遇。诗题是《夜过借园,见主人坐月下吹笛》二首。其一曰:

秋夜访秋士,先闻水上音。
半天凉月色,一笛洒人心。
响遏碧云近,香传红藕深。
相逢清露下,流影湿衣襟。

李方膺见半夜来好友,喜出望外。两人都无睡意,一直谈到后半夜。袁枚戏称李方膺为"秋士",是拿李方膺自己的话说的。李方膺上年画了一组《兰花册页》,在一首题画的小诗里有这样的话:"秋士愁落叶,秋兰耐早霜。"他以"秋士"自称。秋士者,《淮南子》中说,暮年不遇之谓也。这里袁枚故意这样称呼他,是说破他的心思,有解劝的意思。到底是惺惺相惜,当下两人月下对饮,直到后半夜,知心话说不完,酒逢知己千杯少呵!若不是有人告诉袁枚,说白天将有姓许的人送古琴到随园,他还不愿意回去。"三更挥手别,心与七弦期。"袁枚这才依依不舍地回随园去了。

三、位置瑶台第一层

李方膺《墨兰图》

平生知己

飞花入砚田

画医目疾

仙李

半舫

衣白山人

　　李方膺解官后,拼命作画,画艺、画境进入顶峰时期。他在五十四岁解绶,到六十岁去世,这一时期的画境,独有个性,不同于古人,也不同于"八怪"中诸家。

　　说到"文人画",明清文人画不同于宋代文人画,元代是一个过渡。宋人之画注重艺术本身的规律,固然值得肯定。黄宾虹这样说:宋画"尚理",元画"尚意","宋人画提倡善摹万类之情态形色"(《古画微》)。评论家童书业也说"宋人的画是哲学化的,艺术化的","唐、宋时代的绘画代表中国绘画发展的一个高点","中国画的固有的技法,到这时候已基本上完备了","宋人的画才是真正的绘画的本色"(《唐宋绘画谈丛》)。然而文人画的成败得失,关键在于寄意有无丢了画理。绘画艺术的发展,由元而至明清,文人画更重视作者自我的寄托。文人画托物言志的标志,就是配以诗。这是唐宋绘画作品中极少见的。明末,看过徐渭绘画的张岱曾说:"可以入画之诗,尚是眼中金屑也。"这是有发展眼光的。所谓"金屑"者，就是在作品里闪耀出的文人的思想和智慧的光芒。黄宾虹曾说："淮扬画家，变易江浙之余习，师法唐宋。工者雅近金陵八家，粗者较率于元明诸人。"李方膺的绘画，师造化，求画理，既有唐宋之法，又有强烈的自我表达。因而笔墨超迈，格高情炽。画者，形神不可偏废，既要妙，又要真。至于有些明清文人画，笔墨草草，画马类犬，情怀虽佳，也只能列次一等第了。

李方膺的画境不同于别人在哪里呢？这是一个与他的志向、性情、遭遇密切相关的问题。

这里也拿"八怪"中"三明府"李鱓、郑板桥、李方膺做一比较。三人的仕途命运差不多，乾隆四年（1739）李鱓在滕县被罢官，乾隆十六年（1751）李方膺在合肥被罢官，乾隆十七年（1752）郑板桥在潍县被罢官。被人寻以他事，横加诋諆，枉遭革职，谁心里没有气！只是有的人能自我解脱，有的人却不能解脱。最能自我解放的是李鱓，活动了几年，见平反复官无望，干脆回家，家有千亩水田。他一头钻进升仙荡，营造起浮沤馆，"耕田由尔牵牛去，作画依然弄笔来"（《寄板桥》）。过起了逍遥尘外，乐天神仙一般的日子。最能看透的是郑板桥，"乌纱掷去不为官，囊橐萧萧两袖寒。写取一枝青青竹，秋风江上作渔竿"（《墨竹图》）。又说："千磨万击还坚劲，任尔东南西北风"（《竹石图》）。"我辈岂是寻常人，摧残屈折皆调护"（《致卢雅雨》）。板桥简直圆通了。而李方膺解官后精神上却始终不能解脱，如骨梗喉，如刺在背，一直耿耿于怀。他画墨菊说"声声鹈鴂摧芳草"，"雨打风吹老未休"。画荷花说"五月三边寒入骨，谁知天道曲如弓"。画梅花时又说"天道如弓到画家"。画牡丹说"天地无权凭造化，绍兴坛插牡丹花"。画兰石说"樵子担挑街上卖，国香狼藉一文钱"。画松树说"摩天直干十围宽，常见青青傲岁寒。材料不能堪作柱，石桥偃蹇听人看"。又说:"对此苍苍日与俱,故人一见笑胡卢。如君已赋归田去,肯复低头事大夫?"画墨竹说"如何不供轩辕殿,鸾凤空山舞月低"。又说"自笑一身浑是胆,挥毫依旧爱狂风"……李方膺虽然骨坚如铁,却气郁如鼓,一腔冤屈,满腹牢骚。

李鱓把怨气化作了仙气;板桥把明白变成了糊涂;而李方膺则始终睁着眼,把一腔幽怨挥洒成梅花朵朵、兰叶缕缕。他那郁结不化的苦闷心情,最后伤了他的体肤,却又成就了他晚年的绘画境界。

这里即以李方膺晚年所画墨兰图为典型,今人周积寅先生在谈李方膺与郑板桥的墨兰特色时,有一段精辟论述:"郑画兰叶,类似吴道子'莼菜条'的笔法,笔迹劲利,秀中见拙;李画兰叶,接近周文矩的'战笔'法,笔法老辣,拙中见秀。方膺老年之笔,更加精彩,苍劲中饶浑穆之气,抗手板桥殆有过之,板桥之笔无如豪迈古朴也。李氏画兰常用倒景,兰叶丛生,交加重叠,叶势飘舞,可谓超脱不凡。这在板桥和'八怪'其他画家作品中也是罕见的。"这确是独具只眼的见识。笔者还以为李画墨兰不仅位置、笔墨有个性,而且在意与境的结合方面更显与众不同。

李方膺晚年绘画创造了与众不尽相同的意境是什么呢?一言以蔽之:强烈而真实地表达出逐客骚人的离忧情怀。这种情怀可以上追屈宋,尤其在他的《墨兰图》中更为鲜明。李方膺平生以梅为知己,说"我与梅花信得真"。晚年又特别提出"平生交友数兰亲,潦倒风尘情更真"。乾隆十二年(1747)前几乎不见他画的墨兰。到十五年(1750)才依稀可见几幅。到了十六年(1751)解官后,他画了很多《墨兰图》,有册页,有立轴,有长卷。他的兰花密叶披离,风摇雨润,十分有特色。而立意又在题诗中点出,他的这种牢骚,和屈贾相关相承;他的这种离忧受《楚辞》影响很深。历代文人志士的身上总离不开楚骚的情结,但各人体会深浅、侧重,殊不一致。李鱓有，如咏兰清影："清影相看墨数痕，是谁能返屈骚魂？此生若在山中住，勾引兰花长到门。"郑板桥有，如咏"兰谱"："屈宋文章草木高，千秋兰谱压风骚。如何烂贱从人卖，十字街头论担挑。"又如："素心兰与赤心兰，总把芳心与客看。岂是春风能酿得，曾经霜雪十分寒。"李方膺在《楚辞》里找到共鸣，有感于"兰芷变而不芳兮，荃蕙化而为茅"。李方膺的诗虽然没有楚辞的形式特征，却有《楚辞》的基因，即希冀用世的哀怨、愤慨和歌颂美德的情怀，他继承下来了。这种情怀不是颓废的，而是向上的。他和李鱓、板桥又不同，李鱓、板桥颂美多于写忧，而李方膺则是写遍离忧满纸泪。他说"千古英雄泪不干"，他说："兰有芳心我有心，相同臭味泪沾襟。"李方膺晚年在《楚辞》中找到精神寄托和支柱。读他晚年时期的画，有一股扑面而来的楚骚风味。笔者说这是一种顶峰，既是他个人成就的顶峰，又是他不同于同时期画家的地方。

我们不妨再将他在罢官后写的《墨兰》题诗和《楚辞》对照起来一读。

屈子云："昔三后之纯粹兮，固众芳之所在。杂申椒与菌桂兮，岂维纫夫蕙茝。""畦留夷与揭车兮，杂杜衡与芳芷。"（摘《离骚》句。大意：夏禹、商汤、周文王时代，德行精美，贤臣众多，也重视后备贤良人才的培养。）李子方膺吟道：

楚用灵均一个臣，揭车蕙茝总轻秦。
画家解得滋兰意，万叶千花恐费神。

揭车、蕙、茝等皆为香草。《楚辞》中喻良臣。李子方膺歌颂楚国当年采用屈原主张，群臣也都支持抗秦。后来楚襄王信谗，屈子被放，楚国则国势日危。

屈子云："余既滋兰之九畹兮，又树蕙之百亩。""虽萎绝其亦何伤兮，哀众芳之芜秽。""亦余心之所善兮，虽九死其犹未悔。"（摘《离骚》句。大意：栽培芳草如育良才，即使贤才培养了不见用也无妨，可悲的乃是贤良变节易操。而我要坚持节操到底，至死无悔。）李子方膺吟道：

　　玉露金风九畹殊，托根当户奈何如。
　　国香谁惜凋零尽，珍重芳心不肯孤。

虽然芳草有"九畹""百亩"之多，但可哀国香无人珍惜。然而李子却也要像屈子一样抱定芳心不变。

屈子云："济沅湘以南征兮，就重华而陈辞。"（摘《离骚》句。大意：南渡沅水和湘江，要去向舜帝诉说心中的委屈。）李子方膺吟道：

　　露坠风回下笔时，沅江烟云影参差。
　　平生未识灵均面，万叶千花尽楚辞。

千年后，李子既见不到重华（舜帝），也无缘见到屈子，只有把满腹离愁寄于墨兰。（以上乾隆十六年作品。）

屈子云："何昔日之芳草兮，今直为此萧艾也。"（摘《离骚》句。大意：先前的贤良怎么今日都成了庸俗佞臣。）李子方膺吟道：

　　迷离艾萧露风寒，千古英雄泪不干。
　　搁笔沉吟谈往事，横琴未必调猗兰。
　　光风转蕙便成春，峻茂敷繁实可人。
　　不信灵均树百亩，半随萧艾半沉沦。
　　三冬幽谷经霜雪，雨露春风细细闻。
　　众草为君翻不尽，国香何日出尘埃。

《楚辞》注云，萧艾，贱草，以喻不肖。是说屈原被逐后，众草跟风，只知邀宠，群臣佯愚而随波逐流。李子感于自身孤独的遭逢，哀叹芳草沉沦失节。

屈子云："女媭之婵媛兮，申申其詈予……""薋菉葹以盈室兮，判独离而不服。"（摘《离骚》句。大意：缠绵多情的女媭反反复复地劝告和责备我……说满堂都是薋、菉、薕，就是我断然不相从。）李子方膺吟道：

千古湘烟吊楚臣，芳心孤洁已成尘。
当年蒉菉薕盈室，先见何如一妇人。

蒉、菉、薕，棘刺类恶草。屈原姊女媭，闻弟被放逐，赶来劝慰，并以亲姊之关系责备（詈）他没有随大流。屈原却断然表示不愿迁就合群。"先见"一词是反语，也颇见李子对妇人之见的不屑。表示他也决不改变初衷。

屈子云："结幽兰而延伫"，"折琼枝以继佩"，"老冉冉其将至，恐修名之不立"。（摘《离骚》句。大意：以香兰为衣，以琼玉为佩。唯怕渐渐老去，德功不树，贤名不立。）李子方膺吟道：

缕琼结佩露风清，千古痴人一屈平。
峻茂曾娇三百亩，芳心何处立修名。

屈子结芳草以自洁，佩美玉而守志，以寓坚守美德。三百亩峻茂半随风倒去，只有坚持洁身自好。李子歌颂倔强而独立直行的精神。

屈子云："冀枝叶之峻茂兮，愿俟时乎吾将刈。"（摘《离骚》句。大意：希望香草长得高大，待时我将收割备用。）李子方膺吟道：

深山峻茂自年年，清品无伦信是仙。
樵子担挑街上卖，国香狼藉一文钱。

不是芳草无地可容根，就是不等自己收割，却横遭剪除，被樵子当柴卖了。李子悲慨万端，痛感于贤良不能用来治理国家，而被抛弃。（以上乾隆十七、十八年作品。）

屈子云："荃不察余之衷情兮，反信谗而赍怒。余固知謇謇之为患兮，忍而不能舍也"，"汩余若将不及兮，恐年岁之不吾与"。（摘《离骚》句。大意：君不见我之忠信，反信谗而疾怒。我知道忠直会招祸，但我心中不能自止。我欲竭诚犹恐不及，只怕岁月匆匆不等人。）李子方膺吟道：

  平生交友数兰亲，潦倒风尘情更真。
  作客廿年寻旧梦，往来多在楚江滨。
  楚畹清风涌笔端，廿年作客与盘桓。
  自怜不唱猗兰曲，万叶千花供世看。
  画兰何必太矜奇，信手拈来自得宜。
  叶乱花迷浑是墨，芳心点出释人疑。
  问天莫笑总无知，也惜幽兰鬓渐丝。
  当户已愁锄欲尽，入山又恐负芳时。

  李子身历官场二十余年，心与兰蕙亲近。何故不见知？还要如何把心捧出？岁月荏苒，美人迟暮，且鬓已渐丝，弄得目下不能出、不能隐，进退维谷，痛苦万分。

  屈子云："故荼荠不同亩兮，兰茝幽而独芳。""哀吾生之无乐兮，幽独处乎山中。吾不能变心而从俗兮，固将愁苦而终穷。"（摘《悲回风》《涉江》句。大意：苦荼、甜荠向来不同田而生，香草只好孤独地长在深山。我甘愿穷愁终老而不愿解辙易志。）李子方膺吟道：

  花开市上掬盈筐，瓦罐□□雅亦芳。
  清品纵然无俗累，出山不比在山香。
  爱栽滋兰入我门，商量花叶且休论。
  两山合抱空人迹，露坠风回淡墨痕。
  兰有芳心我有心，相同臭味泪沾襟。
  遭逢世上原无定，好伴深山看古今。

  李子也愤然，既不见用何必出山，不如幽藏自洁，隐而不出，亦不失忠正之行。

  屈子云："秋兰兮青青，绿叶兮紫茎。""世溷浊莫吾知，人心不可谓兮。""文质疏内兮，众不知余之异采。材朴委积兮，莫知余之所有。""涕泣交而凄凄兮，思不眠以至曙。终长夜之曼曼兮，掩此哀而不去。"（摘《少司命》《怀沙》《悲回风》句。大意：绿叶紫茎的芳草，芳菲菲而历久弥盛,必须重新栽培。可是世道溷浊,人心不与吾心同。人不知我的异采有文有质,更不知我的才能。我只能彻夜长太息,涕潺湲,悲恸不已。)乾隆二十年深秋,李子方膺吟道:

楚畹辛苦倍悄然,紫茎膏润绿冰鲜。
是谁肯贮赏磁斗,尽日临窗镇十年。
芳菲孤洁入山深,泣露啼烟香满林。
一自灵均吟泽畔,不逢知己到如今。

"一自灵均吟泽畔,不逢知己到如今。"这是目前能看到的李子在《墨兰图》上的最后的叹息!罢官以来,他一直没能像李鱓那样洒脱,而只能像屈子一样"心郁郁之忧思兮,独永叹乎增伤"(《九章》句)。(以上乾隆十九、二十年作品。)

……

如斯哀忧,如斯忠直,意与境而合,诗与画而一,当置"瑶台"第一层。

尾 声

袁枚在乾隆十九年（1754）秋曾一病，半年不能出门。乾隆二十一年（1756）八月又病虐，"头岑岑、眼黝黝"，卧楼不起。沈凤七十岁了，也体衰、贫病，不能外出。李方膺自觉精神尚可，却忽然觉得气闷，喝酒要呛，吃饭要噎。初不以为意，多日不见自愈，延医看看，吃了几帖药却不见效，反而一天比一天沉重起来。医家委婉告诉他，此疾是积郁不舒，可能一时不能痊愈，单靠药石恐不济，还须心情快乐起来。中秋节快到了，李方膺毅然决定回乡养疴。八月底赶到家，可能旅途较疲劳，到家后愈觉病重，有如鱼鹰被渔人缚了脖子似的，肚子饿，干饭变得难以吞咽，只能喝稀的，眼见人更瘦削了。

亲朋好友闻知，都来探视。丁有煜得知李方膺得的是噎症，心里很难过，异常忧虑。他知道此症非药石所能专攻，便天天来梅花楼陪晴江破愁解闷，"引兴消昼荣"，一起回忆年轻时的快乐事情，并劝慰他要学苏子瞻。东坡先生一生几经坎坷，一任风吹雨打，依然坚强不屈，浩然达观。李方膺见老友来看望他，心底又高兴又伤感。高兴的是旧友契阔又相逢，伤感的是忧郁不得志，一时不知从何向知交倾吐！他感慨世路满是荆棘，正直人寸步难行，而自己这些年就像

尾声

漂蓬浮鸥，虚掷了时光。他也后悔现在归来晚矣，弄得如此进退维谷。丁有煜静静地听着李方膺的倾诉，然后情真心长地解劝道，世上何处何时无荆棘，屈原也只是在诗歌里歌唱香草。不要感伤过去走过的路，也不要说转蓬浮鸥的话，外出做官也是有大志、有眼光的表现。现在回来了也好，世不清，可以选择避世。看家乡有山有水多广阔，杯酒谈诗，兄弟间尽可以纵情放歌；举棋论画，照样可以长存天地间。任凭门外雷声滚过吧！相信苍天有鉴。你回来就好。丁有煜还劝勉晴江说，人要如飞鸟游鱼一样自由，不要受羁绊牢笼约束。人生不必过于实心眼，老庄犹可学，相看人间的小与大、祸与福，一切变化还不都在瞬间！

可能李方膺已不能陪朋友饮酒了。丁有煜殷殷地劝晴江说，自己头发全白了也不悲观，你要开心起来。你看瓦釜犹雷鸣，黄钟更要把气吐出来……

李方膺躺在病榻上，静静地听老朋友说话，自己也在思考着人生、艺术……忽然他对丁有煜说："人生宇宙，饮食有死活，皮肉分香臭。珍馐不死而食者死，蔬水不活而食者活。夫食以养体。耳目不臭视听臭，则耳目亦臭；手足不香动作香，则手足亦香。质之前人，准之今人，决之后人，死活香臭画如也。"对晴江这段话，丁有煜后来评说道："言虽不羁，而说自近理，心窃是之。其于官也亦然，其于画也亦然。"李方膺念念不忘他的绘画，他还要画，他还要把经验写出书来……这段话议论于绘画，是拿饮食、视听作比喻，"珍馐不死而食者死"是指食而不化，泥古不变。"蔬水不活而食者活"是指消化吸收，物为我用。"耳目"句是说缺乏鉴赏能力则徒生一副耳目，"手足"句是说练就了一身笔墨功夫，举手投足也会生香。可惜现在躺倒了，不能写了，不能画了，他不无愤恨地说："人生有命，各有所错兮。定心广志，余何畏惧兮……"

是年九月二日，李方膺已多天不能进饮食，却突然感觉有些精神，遂唤侍者鲁元前来扶他拥衾坐起，并要来纸笔。他在一张纸上捷书道：

方膺归两日，病笃矣！今将出身本末及事状呈子才阁下。方膺生而无闻，借子之文光于幽宫可乎？九月二日拜白。

写毕，他吩咐鲁元收好，日后去金陵一趟。鲁元可能就是和郝香山等一直陪他在金陵的鲁竹村。竹村见到主人写给袁枚的短信，泪水忍不住一下子流了出来。李方膺还要纸笔，又写下了两句话：

吾死不足惜，吾惜吾手。

写完掷笔，嘱咐家人将这九字身后铭棺。然后婉婉叹一口气，就默默躺下了。

九月三日，李方膺终因"心冤结而内伤"，溘然去世，享年六十岁。后葬于其父墓右。

乾隆二十一年（1756），鲁竹村去金陵向袁枚报告了李方膺的丧事并向袁枚转达了李方膺的临终遗愿。袁枚正"病疟"，听到噩耗，真是"病死床上惊坐起"，接过晴江手札不禁放声大哭。这年初冬，他病初好，在别人的酒席上又伤心地想起知交好友。他说："青莲何在东阳老，自顾浮生亦黯然。"并在此诗句下加注云"谓晴江、补萝"。这里把李方膺比作李太白，悲问苍天："青莲何在？"

次年，有人知道李方膺与袁枚最要好，拿了李的画来请袁加墨，袁见到故人的画又流泪了。他说："展卷见梅花，如见宿草。与其上求巫阳，不若招魂于纸上。"于是赋招魂诗云：

几番怕见晴江画，今日重看泪又倾。
十四幅梅春万点，一千年事鹤三更。
高人魂过山河冷，上界花输笔墨清。
听说根盘共仙李，暗香疏影尽交情。

尾声

　　李方膺去世后一年,即乾隆二十二年(1757),补萝沈凤也去世了,享年七十一岁。沈凤有二子早夭,无依,卒后由袁枚买地帮助安葬,并年年亲自负责春秋祭祀。这年袁枚才四十一岁,十八年后,一次他在沈凤坟前说:"君坟松益青,我头发愈白。一事君知道,我年五十九。再来恐无多,多斟一杯酒。从来友朋意,转比子孙真。"直到袁枚八十岁了还嘱其子孙不忘代祀沈凤。这里可见袁枚对故人的情谊之深。

　　尝闻有识者言:自信人生两千年。此语指其事业能延续个人生命。李方膺身后三百年来,他的绘画艺术成就一直得到后人的称颂,流韵深远。

　　之于"八怪"画群,历来备受艺术大师们重视,评价甚高。如黄宾虹说:扬州八怪"多纵横驰骋,不拘绳墨,得于天趣为多"。

　　潘天寿说:"'八怪'是革新派","他们的成就,对于近代的几位大画家如赵之谦、'四任'、吴昌硕、王一亭、陈师曾等人,起了直接影响,为国画的发展开辟了新的途径"。

　　之于"八怪"中的重要一员,独具面貌的李方膺,历代大师对他更是推崇备至。与其同时代的被人称作"楚阳三才子"之一的顾于观(字万峰,号澥陆)亦呼李方膺为"梅仙"。他在

梅仙(顾于观题字)

李方膺的一幅梅花图轴的装池上加墨道:"晴江使君画梅欲仙。予谓非仙不能为此梅,观此梅亦足以仙,故题其池曰:梅仙。"

　　近代吴缶庐在七十二岁时重新读到李方膺的画时,依然"神往"不已。他说:李方膺"笔下有千钧力,胸中无一

点尘","地怪天惊见落笔,晴江画法古所无"。其画是"不涛不个二而一"。涛是石涛(苦瓜和尚),个是雪个(八大山人),清初四大名画僧李晴江有其二。吴说,李画既有石涛、雪个的韵味,又不是石涛、雪个。"泼翻墨汁如雨注,有时惜墨同惜金。""古趣挽住人难寻,知其古者知难尽。"

现代潘天寿更是敬仰李方膺的不阿权贵,同情劳动人民的思想品德,佩服他"在文学、书法、金石、诗文等方面都有较深的修养"和在绘画艺术上大胆的革新创造精神。他说,李方膺"纵笔挥洒,不拘成法而苍劲有致。老年作画更加老辣"。即今之大家关山月画红梅经营位置、卢坤峰画墨兰密笔布叶,也都可以见到李方膺的影响。

陈衡恪尝谓,文人画"功夫在画外"。他说"文人画之要素,第一人品,第二学问,第三才情,第四思想。具此四者,乃能完善。"由此观之,李方膺乃文人画群中之完人。

李方膺不死!

2014年11月初稿　2015年1月修改　3月再修改

附一：李方膺大事简表

说明：关于李方膺年谱资料，笔者所见，近年出版的有如下几种：

王凤珠、周积寅编：《扬州八怪书画年表》，1992年江苏美术出版社。

赵鹏撰：《李方膺年谱》（下简称《赵谱》）载卞孝萱主编：《扬州八怪年谱》，1993年江苏美术出版社。

周积寅编著：《李方膺书画集》，附《李方膺年表》，1996年人民美术出版社。

丁家桐著：《扬州八怪》，附《李方膺大事年表》，1998年上海美术出版社。

崔莉萍著：《江左狂生李方膺》，附《李方膺年谱》，2001年上海人民出版社。

邱丰著：《画家李方膺》，附《李方膺年谱》，2008年付印。

以上各表谱所载李方膺经历大事和所作书画作品情况较详，本表从简。关于李方膺生卒年，说法向不统一。南通前辈管劲丞先生在其所著《李方膺史料杂考六题》中，纠正了袁枚在《李方膺墓志铭》中的误记，检核较明白。为《赵谱》采纳。本表依《赵谱》。

顺治十六年（1659）己亥，李方膺父李玉鋐生，行四，其长兄玉铉、二兄（不详）、三兄玉镛。

康熙四年（乙巳，1665）李堂生。

康熙二十一年（壬戌，1682）丁有煜生。

康熙二十五年（丙寅，1686）李鱓生。

康熙二十六年（丁卯，1687）金农、沈凤生。

康熙三十二年（癸酉，1693）郑燮生。

康熙三十六年（丁丑，1697）李方膺生。

康熙三十七年（戊寅，1698）二岁。父李玉鋐挚友李黄、李堂父子于借水园创建"五山画社"，活动历十四年之久，至康熙五十年解散。先后有社员陈菊村、凌镜庵、吴西庐、马药山、张研夫、保褧庵、王买山、李顽石、陈揖石、蒋开士等。

康熙四十四年（乙酉，1705）九岁。父李玉鋐秋闱中举。

康熙四十五年（丙戌，1706）十岁。父李玉鋐春闱中进士，得官内阁中书。

康熙四十九年（庚寅，1710）十四岁。祖母去世，父居家丁忧。

康熙五十一年（壬辰，1712）十六岁。是年与丁有煜订交，历四十五年"无紊雁序"。

康熙五十二年（癸巳，1713）十七岁。李玉鋐丁母艰服阕，入都，放广东省西宁知县。李方膺堂兄方齐（玉铉子）被荐，随叔父同宦粤中。

康熙五十五年（丙申，1716）二十岁。袁枚生。

康熙五十六年（丁酉，1717）二十一岁。入学为生员，立志于"为官、作画"。娶陈氏女完婚。郑板桥入学。

康熙五十八年（己亥，1719）二十三岁。父应召入京，升户部主事，旋改兵部郎中。李玉鋐曾便道回通。李鱓有通州之行。

雍正元年（癸卯，1723）二十七岁。父放云南楚雄知府。二兄彩升被保举随父赴滇候补。

雍正二年（甲辰，1724）二十八岁。上半年在都门国子监听讲，课余作画。画上题"客都门"，有印"维扬李氏"等。十月，二兄彩升卒于楚雄。

雍正四年（丙午，1726）三十岁。父应召赴京谒帝，升福建通省粮储驿传道。随父入闽。

雍正六年（戊申，1728）三十二岁。由福建延建邵道魏壮举荐，被辟为贤良方正。奉父命，作《三代耕田图》。冬，随父入京谒见。

雍正七年（己酉，1729）三十三岁。雍正帝召见。特旨李方膺交河东总督田文镜以沿海知县任用。是年署山东乐安知县。父升任福建按察使。

雍正八年（庚戌，1730）三十四岁。秋季乐安水灾，未等批准，开仓赈灾。青州府弹劾，河东总督田文镜壮之。

雍正九年（辛亥，1731）三十五岁。乐安春荒，请籴。朝廷下谕修小清河，奉巡抚命查勘淄河（小清河）及山东水利。

雍正十年（壬子，1732）三十六岁。署莒州知州。田文镜去世。

雍正十一年（癸丑，1733）三十七岁。《乐安县志》修成，接修《莒州志》。父告病回乡休养一年，筑小楼，曰"半璧"。李玉鋐休假期满，雍正召见，复任福建按察使。

雍正十二年（甲寅，1734）三十八岁。在家过春节。正月初一即作画。有《墨梅图》题云："新构小楼别有韵，移来几树欲成阴。"回莒州任，旋调乐安县任，十月修成福民河。十二月调任兰山县知县。

雍正十三年（乙卯，1735）三十九岁。河东总督王士俊令河南、山东垦荒。李听取民意，阻垦。八月被王士俊撤职、下狱。八月雍正帝崩。十月出狱而未得复官。十月二十一日作有《玉兰图》题云："劝农不知路迢遥，曾见乡村玉树条。官罢到今才两月，家家斧劈当柴烧。"父致仕。又作《菊花图》云："画家门户何人破，编竹为篱种菊花。篱内人家描不出，琴樽潇洒客琅琊。"

乾隆元年（丙辰，1736）四十岁。王士俊被劾、罢官。作《梅花图》，题王冕《梅花传》于其上。得乾隆召见，官复原职。作《百花呈瑞图》等。李鱓至山东访李方膺于官舍。

乾隆二年（丁巳，1737）四十一岁。十月回乡一趟，是年其父79岁，俗当贺八十寿。在家作《枇杷图册页》等。

乾隆四年（己未，1736）四十三岁。父卒，享年八十一岁。回家丁忧。

乾隆五年（庚申，1737）四十四岁。《山东水利管窥略——小清河议》在济南刊行。在半璧楼作《梅花图轴》等。《松石图轴》右侧题款曰："乾隆五年写于半璧楼奉哲翁老叔岳清玩"并钤有"梅影楼"印一枚。左下角钤"放情诗酒"印一枚。从画赠对象的称谓和印章内容看，可见作于通州。"梅影楼"可能为半璧楼另名，抑或半璧楼改"梅花楼"前之初名。

乾隆六年（辛酉，1738）四十五岁。有《盆菊图轴》等作于半璧楼。冬日，半璧楼正式改名为"梅花楼"。

乾隆七年（壬戌，1739）四十六岁。与丁有煜等筹划"沧洲画会"，未成。可能其母卒于是年冬，继续丁忧。

乾隆九年（甲子，1739）四十八岁。十月，李鱓来通州。

乾隆十年（乙丑，1740）四十九岁。服阕。作《题三代耕田图》诗四首。

乾隆十一年（丙寅，1746）五十岁。暮春赴京谒选。四月过扬州，作《墨鱼图》，题诗云："风翻雷吼动乾坤，直上天河到九阊。不是闲鳞争暖浪，纷纷凡骨过龙门。"五月过莒州，作《墨鱼图》，题诗曰："溪底鲨鱼满尺无，涓涓滴水易成枯。要从海里掀天浪，锦鬣金鳞入画图。"秋，到京城住城南米市胡同。中秋作《梅花图轴》，题诗云："不学元章与补之，庭前老干是吾师。写完瞪目支颐坐，门外雨霜阴雪时。"九月，住僧舍画《墨梅图册页》。

乾隆十二年（丁卯，1747）五十一岁。赴安徽安庆省府，被派往潜山任知县。旋，改任滁州知州。有《墨梅图》题云："画家胆大便成材，收拾春光信笔来。不肯依山循水傍，冰枝玉蕊自天开。"

据《郑板桥全集》载，秋日与汪士慎、李复堂合作花卉图轴，郑板桥题诗首句云："梅花抱冬心。"小记云："乾隆丁卯秋日，士慎画梅，复堂补佛手、石菖蒲，晴江添月季，余作诗于上。"未见作品。赵谱云："再于方膺行迹考之，似亦无机会与士慎等共一处作画。"按，时扬州有一青年画者蔡晴江，名嘉，丹徒人。少板桥三十岁，擅长花卉，为卢雅雨器重，延为伎画师。

乾隆十三年（戊辰，1748）五十二岁。年初又回潜山本任。有《墨梅图册页》题云："古干盘根碧玉枝，天机浩荡是吾师。画家门户终须立，不学元章与补之。"冬，在省会安庆山谷祠与傅汝翼、龙申、余守谦召集一次笔会。又与庄经畬、张开士、王名标在安庆篑山堂召集一次笔会。袁枚以一月之俸三百金买下隋园，又花千金着意改造，改名随园。

乾隆十四年（己巳，1749）五十三岁。任庐州府首县合肥知县。

乾隆十六年（辛未，1751）五十五岁。上半年乾隆帝首下江南，参加接驾。有《墨竹图册页》题云："南风之薰兮""奋雷初出地，承露已凌烟。愿从朝元驾，为旄拂九天"等。五月走蒋家坝、去高粱涧，到淮安，顺道回家一趟。七月回合肥，中小人"陷阱"。寻，被劾落职，连累两老仆入狱。下半年有《墨兰图》题云："露坠风回下笔时,沅江烟云影参差。平生未识灵均面,万叶千花尽楚辞。"

乾隆十八年（癸酉,1753）五十七岁。春,庐州对簿公堂,两老仆获释,官司了结,作诗志之。别合肥父老,居金陵项氏花园并改名借园。"静坐河亭四十天"卖画。与袁枚、沈凤游,人称"三君"。保培基来,为保诗集题诗。

乾隆十九年（甲戌,1754）五十八岁。作《墨兰图册》多幅,题诗云："平生交友数兰亲,潦倒风尘情更真。作客廿年寻旧梦,往来多在楚江滨。"作《风竹图》题诗云："波涛宦海几飘蓬,种竹关门学画工。自笑一身浑是胆,挥毫依旧爱狂风。"

乾隆二十年（乙亥,1755）五十九岁。初春贺沈凤七十寿。袁作《送李方膺还通》三首。在借园作《梅花图卷》多幅,有题云："予性爱梅,即无梅之可见,所见无非梅也。日月星辰梅也,山河川岳亦梅也;硕德宏才梅也,歌童舞女亦梅也……"

据《郑板桥全集》载,与李复堂、郑板桥合作《三友图》。今据赵谱,此画"可断为赝作"。郑板桥有联"束云归砚匣,裁梦入花心",并署"晴江年学老长兄嘱板桥郑燮",但不详作于何年。附于此待考。

乾隆二十一年（丙子,1756）六十岁。作《六十自述》诗四首（据赵鹏说,非李作）。八月因噎症回通州。九月三日卒于梅花楼。

附二：管劲丞：
《李方膺史料杂考六题》选二

生年问题

袁枚撰李晴江墓志铭，叙李卒年六十，未叙何年生。乾隆《通州志》本传，只载年六十，不载生卒年。梁廷灿历代名人生卒年表，始定其生年为康熙三十四年乙亥（1695），盖缘袁志叙甲戌撰志，李年六十，上溯五十九年而得。兹以发现并参核有关文献，已证明上定生年并不正确。李的老友个道人丁有煜，撰有祭晴江文，文中曾间接地提到他的生年。祭文首称："晴江少余十五岁，交余四十五年。"从这上，我们能够确知丁的生年，则李的生年便随即考定。丁的生年是可考的，清画家诗史，定为康熙二十一年壬戌（1683）。丁亦通州人，享年达八十三岁。晚年作画，题款往往兼记岁数，以多例推算，生年皆与诗史相合。举南通博物馆藏黄慎写真个道人画像卷一例来说，丁自书小传文末题款，系年丙子（1756），纪岁数七十有五。由此推算，其生年为1682年无疑。李少丁十五岁，则生年当在康熙三十六年丁丑（1697），而不是康熙三十四年乙亥。那么，一般记载沿着生于1695年，都误早了两年，同时连带地把卒年误早了两年。

卒年和享年问题

李卒年的发生问题，先是发现了他在甲戌秋后或甲戌年后的真迹画件，不过以往虽有发现，总是作为赝品处理。郭味蕖《宋元明清画家年表》才认真地作了记载："1775年乙亥，乾隆二十年，李方膺作墨梅卷，袁子才、金冬心、郑板桥题之，时年六十一。"郭书没有定其卒年，却否定了卒年为甲戌。顾麟文《扬州八家史料》引此，以所据未有注明，谓似应仍采旧说为妥，对袁枚诗集编次，似乎有些出入，倒是已经了解的。我们认为，解决这一问题的作用有两面：一面是凭作正确的卒年，可以决定上述画件的真伪，又一面是鉴定了上述的真迹来考正李的卒年。我们此刻关心的是后者得谈谈另一幅李绘墨梅长轴，证明他在乙亥这年，绘事生涯的确没有结束。画上署款"乾隆二十年立夏后六日李方膺"，自题而外，题者有袁枚、金农、沈凤、郑燮诸家。他自题的是：

借园初夏，万绿迷离，约沈凡民、袁子才、金寿门共赏之。适大雨滂沱，诸客不至，无聊之际，命李文元吹箫，梅花楼侍者鲁竹村、何蒙泉度曲，郝香山伸纸研墨。画梅兴之所至，一气呵成……

袁、沈、金各题诗，郑兼长跋。所见虽属影片，书法画品堪信皆是的笔。特别是郑跋乾隆二十五年见此画于通州，及自题梅花楼侍者鲁、何、郝三人，其事其人都有文献可考。影片所摄原画，不会不是真迹，即不难从而兼证袁集编年可靠，而墓志铭之作甲戌，当系事后补填或改写之讹。袁集编年乙亥诗送李归通州及夜过借园见主人坐月下吹笛之作，乃是对甲戌一说的根本矛盾。

关于李绘乙亥画件，郭书作时年六十一者，实际仍沿甲戌之误。果如生年当为康熙三十六年丁丑，则乙亥为五十九，非六十一，亦即享年六十，初无可疑。《通州志》的纂修，丁有煜实主其事，余人亦多与李谂识，李刚卒未久，事属当前，本传作年六十，与袁志恰合，此决不有误，我们不能仍沿生年误记而翻改享年岁数。再以生年丁丑，享年六十下推，则李卒年当为乾隆二十一年丙子（1756）。与乙亥年份李绘画件，袁集乙亥有关诸诗，都无矛盾。又按：丁自编文稿，卷端有序，或于丙子十二月，而祭晴江文编在其中，复证李的卒年下限之不可能展延丙子之后。我们于是断言，李实卒于丙子九月三日，享年六十。

附三：
李方膺梅花楼诗抄、题画诗文及语录

甲：编年作品

一七二四年(雍正二年甲辰)

墨梅图册页

　　　　　此去江南多少路，借诗题画惜离群。
　　　　　相思一夜梅花发，忽到窗前疑是君。
　　　　　　　　甲辰年三月迥楼三兄自都门归里图呈大教

水仙图册页

　　　　　一拳石笋拟嵯峨，绕砌仙花出绿波。
　　　　　天女自来无定质，托根应许在山阿。
　　　　　　　　　　　　　　　　甲辰年画

雁来红图册页

　　　　　研池久弃胭脂水，想入秋风冷淡时。
　　　　　不是深红涂草木，雁归留下杏花枝。

花卉图

　　　　　桃含晓雾柳含烟，不尽春光在眼前。
　　　　　嘱咐丹青添一笔，再教明月照汀边。
　　　　　　　　　　　　　　甲辰年 客都门写

一七三一年(雍正九年辛亥)
登任城酒楼放歌
驱车往任城,言登太白楼。骑鲸仙人不复返,楼头风物空高秋。我有一壶酒,酒董置楼头。安得与君同剧饮,酒尽还典紫绮裘。意气凌海岱,谈笑轻王侯。褰裳南池上,濯足济水流。临风折简招巢父,与君一唱还一酬。惜哉黄河水汩汩,搴茭未得纾民忧。壶中虽有酒,楼头不可留,拂衣又上黄河舟。

一七三二年(雍正十年壬子)
赴莒州任作
　　匹马登城仔细看,敢云恃陋竟偷安。
　　从今不薄风尘吏,文学当年亦宰官。
题莒州学宫两首
　　数仞官墙接斗牛,圜桥泮水淡烟浮。
　　巍峨藻彩千年地,柱石飘零此日愁。
　　但有清风嘘古殿,愧无化雨育名流。
　　泮宫共睹维新象,从此人文说莒州。

　　瞻天东郡萃奎楼,况复当年莒父州。
　　辉煌圣宇垂百世,斯文俎豆足千秋。
　　闲临泮水观鱼跃,伫立圜桥听鹿呦。
　　指日英才欣辈出,还传宰执旧风流。

一七三三年(雍正十一年癸丑)
墨鱼图轴
　　三十六鳞一出渊,雨师风伯总无权。
　　南阡北陌橛声急,喷沫崇朝遍绿田。

一七三四年(雍正十二年甲寅)
砚刻。题曰:
雍正十二年十二月二十二日赴兰山任,宿于城北之白塔,从土窗得此砚。反复谛观,心要虚,气要清,骨要坚。天之所明启我也，显哉天乎！晴江自记。

※梅花图

新构小楼偏有韵，移来几树欲成阴。

甲寅正月

※梅花图

花含小雨胭脂湿，枝绕春风绛雪凉。

甲寅年写于穆陵关道中

芍药

曾向丰台阶下过，一枝能值几文钱。

※梅花图

含春俱绰约，缀雪转清妍。

甲寅元旦拟苏文忠笔

※菊

落拓山园载酒来，红梅含雪倚春台。
菊花无籍春光老，犹自篱披带雨开。

雍正十二年

※枇杷图

早发不如图晚翠，故将墨汁写枇杷。

甲寅年二月二日也

※墨荔枝三首

海南七日到金銮，博得昭阳一笑看。
事知千军犹促恨，至今墨汁亦心酸。

仙仗千官赐荔枝，归来儿女笑逢时。
延秋门外飞龙驾，南北牙官总不知。

蜀道崎岖行路难，长生殿里典声闲。
到头不信中官隅，又赐张妃七宝鞍。

甲寅夏五月仿白阳山人墨笔荔枝，时读史偶题三绝。

梅花图 题宋·王安石《梅花》诗
　　　　墙角数枝梅，凌霜独自开。
　　　　遥知不是雪，为有暗香来。
　　　　　　　　　雍正十二年于梅花书屋

一七三五年(雍正十三年乙卯)
菊篱图册页
　　　　画家门户何人破，编竹为篱种菊花。
　　　　篱内人家描不出，琴樽潇洒客琅琊。
　　　　　　　　　乙卯秋日客琅琊
牡丹图册
　　　　紫紫黄黄色色多，三春花市闹如何。
　　　　最怜巷口提筐者，抹粉涂脂老卖婆。
　　　　　　　　　乙卯十月廿二日写
玉兰图册页
　　　　玉树迎风占早春，良工不肯画全身。
　　　　谢家子弟知多少，只数当头一两人。
　　雍正十三年八月 写于古琅琊　按：又一首"一两人"作"四五人"
梅花图
　　　　相君之面清人骨，不是梅花不许论。
　　　　昨夜含毫思入梦，石桥南畔两三根。
　　　　　　　雍正十三年客兰陵写赠元辅学长兄清玩并题
※玉兰
　　　　劝农不知路迢遥，曾见乡村玉树条。
　　　　官罢到今才两月，家家斧劈当柴烧。
　　　　　　　　　乙卯十月二十一日写于琅琊
※题石
　　　　中流砥柱自安闲，不管风波肺腑间。
　　　　薏苡明珠相似处，丰神屹立重如山。

乙卯十月二十四日

萝卜大蒜册页
　　十载匆匆薄宦游，个中滋味复何求。
　　沽来烧酒三杯醉，萝卜青盐大蒜头。
　　　　　　　　　乙卯十月写于琅琊叱闻斋

菊花图
　　陶潜种菊碎星星，屋后门前小草亭。
　　不用藩篱天地阔，卷开帘幕见天青。

梅花图
　　十月阳春初动时，勾芒有诏岭南枝。
　　百花领袖无消息，早发寒香不可迟。
　　　　　　　　　乙卯十月二十三日灯下补题

葵花
　　萧瑟风吹永巷长，采衣非复旧时黄。
　　到头只觉君恩重，常自倾心向太阳。

按：邱作乙卯十月写于碧梧居，赵谱作丙辰，不详各依何据？

一七三六年（乾隆元年丙辰）

墨梅　题元·王冕《梅花传》

先生姓梅，名华，字魁，不知何许人？或谓出炎帝。其先有以滋味干商，高宗乃召与语，大悦，曰：若作和羹尔惟盐梅。因食采于梅，赐以为氏。梅之有姓自此始。至纣时，梅伯以直言谏妲己事，被醢族，遂隐。迨周，有㮤有者始出仕。其实行著于诗，垂三十余世。当汉成帝时，梅福以文学补南昌尉，上书言朝廷事，不纳，亦隐去。变姓名为吴市门卒云，自是子孙散处不甚显。汉末绿林盗起，避地大林。大将军行师失道，军士渴甚，愿见梅氏。梅聚族谋曰：老瞒垂涎汉鼎，人不齿之。吾家世清白，慎勿与语。竟匿不出。厥后，累生叶、叶生萼、萼生蕊、蕊生华，是为先生。先生为人修洁、洒落，秀外莹中，玉立风尘之表,飘飘然真神仙中人。所居环堵竹篱茅舍,洒如也。行者过其处,必徘徊指顾曰:是梅先生居也,勿剪勿伐,溪山风月其与之俱。先生雅与高人韵士游,徂徕十八公、山阴此君辈,皆岁寒友。何逊为扬州法曹掾,虚东阁待先生。先生遇之甚厚。相对移日,留数诗而归。先生南北两支,世传南暖北寒,先生盖居于南者也。先生诸子甚多,长云实,操行坚固。人谓其有乃父风味。居南京犀浦者,为黄氏。其余别族具载石湖谱。太史公曰:梅先生翩翩浊世之高士也。观其清标雅韵,有古君子之风焉。彼华腴绮丽乌能辱之哉!以故天下人士景仰爱慕岂虚也耶!

乾隆元年

菊石图轴

　　　　秋花最是迟开好,且可东篱护晓霜。

　丙辰春日　按:乾隆六年一幅,辞同,题作仿未孩子笔法

百花呈瑞图轴

　　　　不写冰桃与雪藕,百花呈瑞意深长。

　　　　只缘贤母传家训,惟愿儿孙向太阳。

乾隆元年写于历下碧梧居

菊花图轴

　　　　陶潜官罢酒瓶空,勺水清清菊一丛。

　　　　所谓伊人不可见,萧萧风味画图中。

　乾隆元年重阳前一日于历下之碧梧居均湖年兄清玩

瓶梅

　　　　东风有意觉诗人,吹绽枝头数点春。

　　　　不但孤标香到骨,一瓶清水是精神。

丙辰秋

一七三七年(乾隆二年丁巳)

梅竹册页

　　　　竹有清风梅味酸,画家镇日与盘桓。

　　　　风清不作兰台赋,味酸偏宜和雪餐。

墨梅册页
　　　　画笔纵横不肯庸，凭空春色挂重重。
　　　　问他生长灵根处，只在罗浮第一峰。
　　　　　　　　　　　　　　写于历下碧梧居
枇杷图册页
　　　　四十无闻误是吾，春花秋月酒家沽。
　　　　三年倦作兰陵客，浪墨濡濡晚翠图。
　　　　　　　　　　　乾隆二年十月写于半壁楼
柿枣图册页
　　　　冻枣垂垂映柿红，来年买米做农工。
　　　　只愁县吏催科急，贱卖青钱到手空。
　　乾隆二年秋日画题　　按：又一首"到手"作"转眼"。
墨菜图册页
　　　　菜把甘肥色更鲜，劝农曾见口流涎。
　　　　从来不到街头卖，怕得官衙索税钱。
　　乾隆二年秋日写于古历下亭仿未孩子笔意也　　按：又一首"甘肥"作"肥浓"。

一七三八年(乾隆三年戊午)
题竹
　　　　慈竹以赵吴兴为第一，偶仿其意。
　　　　　　　　　　　　　　　乾隆戊午三月
墨菊册页
　　　　羞与春花艳冶秋，殷勤培溉待西风。
　　　　不须牵引渊明比，随分东篱要几丛。
鲂鲤贯柳图
　　　　客来向我索鱼羹，口渴无聊解酒醒。
　　　　旧日钓丝还未理，溶溶漾漾笔头清。
　　　　　　　　　　　　　　　　　　夏日

墨鱼图
　　　　　　　有余连年
墨鱼图
　　　　卜宅江湖里，如傍云水居。
　　　　只须三尺竿，便得犯钓花鱼。
　　　　　　　　　　乾隆三年春日写于历下碧梧居
芭蕉图
　　　　听雨听风听不得，
　　　　道人何苦画芭蕉。
　　　　　　　　　　　　　　乾隆三年夏

一七三九年(乾隆四年己未)
墨梅册页
　　　　一枝斜挂一枝垂，莫怨丹青手段卑。
　　　　独向百花分别处，不逢摧折不离奇。
　　　　　　　　　乾隆四年六月仿伯纪笔法于东大楼
墨梅册页
　　　　行役匆匆日欲斜，车停茅店画梅花。
　　　　青山到处堪埋骨，暂歇奚囊便是家。
　　　　　　　　　　乾隆四年六月贝州道中写此
牡丹图轴
　　　　市上胭脂贱是泥，一文钱买一筐提。
　　　　李生淡墨如金惜，笑煞丹青手段低。
　　　　　　　　　　乾隆四年十月写于青州之干乘
梅花图
　　　　挥毫落纸墨痕新，几点梅花最可人。
　　　　愿借天风吹得远，家家门巷尽成春。

一七四〇年（乾隆四年六月）
梅花图册
　　　　四升三合茅柴酒，换得歪瓶邻舍家。

附三：李方膺梅花楼诗抄、题画诗文及语录

莫谓携归无用处,案头也可插梅花。

乾隆四年夏五仿伯纪笔法于临青板闸

菊石图卷题句

家龙眠作松石图,二苏题咏至今七百余年,传为世宝。予作菊石图,亦不敢并驱中原,但有好事者借观,须得米五石、酒十斗方许之。时乾隆四年十月十一日也。示霁儿。

一七四一年(乾隆六年辛酉)

梅花图

只有梅花刺眼新,终年涂抹最精神。
爱他一幅清癯骨,担得人间万万春。

辛酉中冬写于梅花楼

竹

学画竹者取一枝竹,乘月夜照其影于素壁之上,则竹之真形出矣。

梅

万树梅花万树春,一年涂抹一年新。
愿将海水研成墨,南北东西赠故人。

盆菊图

莫笑田家老瓦盆,也分秋色到柴门。
西风昨夜园林过,扶起霜花扣竹根。

乾隆六年九月写于半壁楼

墨松图轴

尺寸枝头着墨浓,全身不见白雪封。
画家何苦劳心力,指点工人涧底松。

乾隆六年写

一七四二年(乾隆七年壬戌)

墨松图轴

写此虬枝感独深,六朝遗树隐孤岑。
一时清墨凭毫素,已作空山万古心。

乾隆七年十一月写于梅花楼　按：又一首"岑"作"臣"。

竹石图轴

西垣井谷一经过，万玉烟云入梦多。

自恨不如王骑使，全家移住竹林阿。

乾隆七年秋日，西垣二兄邀游井谷园。园北隅种竹万竿，青葱峭蒨与天并色，濯人心腑，岂渭川千亩为（按：此处掉一千字）户侯计哉！归卧梅花楼偶写数个，不知果得风味一二也。

竹石图轴

题句　古人谓竹为写，以其通于书也。故石室先生以书法作画，山谷道人以画法作书，东坡居士则云兼而有之。

乾隆七年五月写于梅花楼

梅花册页

幽芳独秀在山林，密雪无端苦见侵。

驿使不来羌管歇，与谁共话岁寒心。

乾隆七年八月五日写于梅花楼

梅花册页

梅花一夜遍南枝，销得骚人几许诗。

自知何郎无好咏，暗香唯有月明时。

无题二首

露压烟低未有涯，通州城外夕阳斜。

饶他虎口浑是胆，依旧风中一叶槎。

自古沧州多险阻，几时笛管许梅花。

案前幸有玲珑月，长照春秋万物华。

墨牡丹册页

无价名花种砚田，

天然富贵四时鲜。

等他看过胭脂色，

自肯投门出万钱。

壬戌秋日写于恒轩

菊花册页
　　　　九月东篱採菊英，白衣遥见眼能明。
　　　　问余自有花中物，一段风流□得成。
梅花册页
昔日画梅，双手齐下，一写生枝一写桔，挥生画笔，开春天梅。
　　　　　　　　　　　壬戌秋日写于梅花楼

一七四三年(乾隆八年癸亥)
双鹿图
　　　　　双鹿齐鸣
竹石梅花图二首
　　　　烟锁空山晓未开，暗中顾影自怜才。
　　　　岁寒标格不可掩，消息已从天上来。
　　　　冰雪寒天阳气转，幽香飞动老龙鳞。
　　　　平生不肯居人后，十月严霜占得春。
竹石图
　　　　瘦玉亭亭暑雨收，丰神潇洒自悠悠。
　　　　满江新水无边阔，好截长竿钓碧流。
　　　　　　　　　乾隆八年五月九日雨霁作
梅花图
　　　　空庭一树景横斜，玉瘦香寒领岁华。
　　　　解到广平心似铁，古来先已赋梅花。
　　　　　　　　　乾隆八年春三月写于梅花楼
墨鱼图
　　　　　此图莫认五陵溪，
　　　　　浪暖春风绿满畦。
　　　　　山泽不禁天地利，
　　　　　桃花喜鲋一筐提。
　　　　　　　　　　　　　乾隆八年写

墨竹图

　　　　平生好友唯修竹，瘦骨峥嵘惯欲狂。
　　　　欲寄所思书不尽，梦随风雨道潇湘。
　　　　　　　　　　　　　　乾隆甲子

墨竹册页

　　　　学画琅玕二十年，风晴雨露带疏烟。
　　　　平生有癖医无药，万嶂青云要补天。
　　　　　　　　　　　乾隆九年写于梅花楼

一七四四年（乾隆九年甲子）

苍兰幽竹图　题明·周忠介诗

　　　　老老苍苍竹一竿，长年风雨不知寒。
　　　　承教直节凌霄去，任尔时人仰面看。
　　　　　　　乾隆甲子秋月于梅花楼并书周忠介句

一七四五年（乾隆十年乙丑）

风雨钟馗图轴

　　　　节近端阳大雨风，登场二麦卧泥中。
　　　　钟馗尚有闲钱用，到底人穷鬼不穷。
　　　　　　　乾隆十年端阳前二日写于梅花楼雨窗

题三代耕田图四首

是图先大夫课耕膺则耕者牧牛童子则儿子霞也

　　　　披开不禁泪痕枯，辗转伤心辗转孤。
　　　　十七年前漳海署，老亲命我作斯图。

　　　　半业农田半业儒，自来家法有规模。
　　　　耳边犹听呼龙角，早起牵牛下绿芜。

　　　　老父初心寄此图，教儿从幼怕岐途。
　　　　诸孙八九开蒙学，东作提筐送饭无。

　　　　父子衔恩遭际殊，涿州分路泪如珠。
　　　　谆谆农事生灵本，三代耕图记得无。
墨梅图轴
　　　　逢人道我是狂夫，成得狂夫便是吾。
　　　　只想梅花当饭吃，广平一字一鸦涂。
　　　　　　　　　　　乾隆十年正月写于梅花楼
桂花图轴
　　　　桂树团团翠欲流，灵根原自月中求。
　　　　东风吹动黄金粟，散作人间富贵秋。
　　　　　　　　　　　　写于乾隆乙丑嘉平月

一七四六年（乾隆十一年丙寅）
墨梅图轴
　　　　谁把江南万斛春，寄怀篱落便怡神。
　　　　梅花楼上三千竿，一线阳和不让人。
　　　　天不严寒岁不春，梅花遭际更精神。
　　　　洛阳桥畔吕文穆，惆怅东风笑路人。
　　　　　　　　　　乾隆十一年夏日写于车停馆
墨鱼图轴
　　　　溪底鲨鱼满尺无，涓涓滴水易成枯。
　　　　要从海里掀天浪，锦鬣金鳞入画图。
　　　　　　　　　　乾隆丙寅夏五写于莒州旧治
墨鱼图轴
　　　　风翻雷吼动乾坤，直上天河到九阍。
　　　　不是闲鳞争暖浪，纷纷凡骨过龙门。
乾隆十一年四月公车北上写于扬州杏园　　按：又一首"暖浪"作"片石"。
墨鱼图轴
　　　　赠我黄河二尺鱼，情怀胜读十年书。
　　　　桃花春暖连天浪，雷起涛扬任卷舒。

　　　　雕虫小技等于樗,知己难逢只自如。
　　　　记得遍交天下士,归来外舍叹无鱼。

　　　　失水神龙蚁亦狂,风云有会变无方。
　　　　夜吹雪浪摇星斗,晓涌清波浴太阳。
墨鱼图轴
　　　　濠上洋洋乐自知,轻蘩乱荇影参差。
　　　　谁将锦鬣收图画,不藉渔人理钓丝。
按:乾隆十六年作于合肥五柳轩一幅,"不藉"作"打动"。
墨竹扇面
　　　　一日思君十二时,雉城握别忆迟迟。
　　　　遥知映雪堂前竹,日报平安慰老慈。
乾隆十一年后三月召车北上舟次竹西寄怀绘纶衾姻侄
墨梅图册页
　　　　瘦蕊寒枝远俗尘,终朝图画最怡神。
　　　　谁知山泽臞儒骨,担得江南万斛春。

　　　　知己难逢自古来,雕虫小技应尘埃。
　　　　扬州风雅如何逊,瘦蕊千千笑口开。

　　　　墨痕浓淡总风流,玉质冰肌莫与俦。
　　　　吩咐君家双白鹤,夜来不许宿枝头。

　　　　馆阁成尘事已凋,我来僧舍画梅条。
　　　　扬州明月年年在,收拾春风廿四桥。

　　　　此幅春梅另一般,并无曲笔要人看。
　　　　画家不解随时俗,直气横行翰墨端。

按：又一首"另"作"又"，末句作"豪气横行列笔端"。

梅花此日未生芽，旋转乾坤属画家。
笔底春风挥不尽，东涂西抹总开花。

相门才子清人骨，索写梅花意气雄。
不是孤山林处士，调羹鼎鼐旧家风。
乾隆十一年九月六日

江南燕北路参差，好友难堪话别时。
春到不愁无驿使，梅花自古慰相思。

微雪初消月半池，篱边遥见两三枝。
清香传得天心在，未许寻常草木知。

偶想元章换米时，五都市上亦矜奇。
不知曾遇林君复？分明南枝与北枝。

墨梅图轴

买山须访林君复，借斋何妨学子猷。
乾隆十一年写于历下城西如意馆

墨梅图轴

不学元章与补之，庭前老干是吾师。
写完瞪目支颐坐，门外雨霜陨雪时。
乾隆丙寅中秋写于米市梧桐

墨梅图轴

昨向孤山脚下来，南枝开遍北枝开。
春风唤醒林和靖，一瓣花须赏一杯。
乾隆十一年三月写于梅花楼

秋色图轴

浓艳秋芳色色华，新霜一夜落平沙。
不知谁是撑持骨，晓起临池画菊花。

乾隆丙寅

芭蕉图

　　　偶写芭蕉三两窠，墨涛飞处雨风多。
　　　叮咛莫伴行人旅，勾引秋声奈夜何。
　　　　　　　　　　乾隆十一年二月写于梅花楼

一七四七年（乾隆十二年丁卯）

※墨梅图

　　　画家胆大便成材，收拾春光信笔来。
　　　不肯依山循水傍，冰枝玉蕊自天开。
　　　　　　　　　　　　　　　乾隆十二年

墨竹

　　　文忠干、老可叶最难学也，李晴江放胆学之。
　　　　　　　　　　　　　乾隆丁卯十月二十二日

李晴江法老可

※墨菊

　　　江南九月晚霜浓，秋色凝眸画满胸。
　　　不解化工新样巧，黄罗伞罩玉芙蓉。
　　　　　　　　　乾隆十二年于滁阳西庐梅花楼

一七四八年(乾隆十三年戊辰)

画松

　　　　　　泰山一支
　　　（有王名标、庄念农、张开士等题款）

扁豆

　　　一行作吏廿经秋，北陌南阡汗漫游。
　　　记得劝农耘事歇，豆棚深处绿阴稠。

芍药

　　　记得丰台花烂熳，玉楼春卖一文钱。
　　　（有王名标、庄研农、张开士等题诗。署黉山堂。）

墨竹

附三：李方膺梅花楼诗抄、题画诗文及语录

201

　　　　　　　粉香翠影碧琅干，丹凤林中第一竿。
　　　　　　　雨露恩浓磐石固，清风日日报平安。
　　　　　　　　　　　（有王名标、张开士、庄经畲题款）
　　柏树
　　　　　　　霜皮溜雨四十围，黛色参天二千尺。
　　　　　　　　　　　（有王名标、张开士、庄经畲题款）
　　紫藤
　　　　　　　学天池笔法
　　　　　　　　　　　（有王名标、张开士、庄经畲题款）
　　墨梅图轴
　　　　　　　雪晴三日未全消，独自寻梅过板桥。
　　　　　　　造化亦知工笔墨，断崖斑白点疏条。
　　乾隆戊辰冬日写于皖城　按：又一首"丁卯年写于叶渡""独自"作"晓起"，"板"作"断"，"造化"作"天地"，"断"作"峭"。

　　墨梅图轴
　　　　　　　天生懒骨无如我，画到梅花兴不同。
　　　　　　　最爱新条长且直，不知曲屈向春风。
　　乾隆十三年冬日写于皖城之山谷祠　按：作于广陵客舍"新条"作"冰枝"，又一"兴"作"便"，"新"作"冰"。

　　墨梅图册
　　　　　　　平生心事画梅看，曾伴全书谒上官。
　　　　　　　不料江南成话柄，逢人只说秀才酸。
　　　　　　　　　　　　　　　　乾隆戊辰冬日

　　墨梅图册
　　　　　　　素质比瑶瑰，贞心不易催。
　　　　　　　江南春信早，先寄一枝来。
　　　　　　　　　　　写于乾隆十三年小春月皖江山谷

　　墨梅图册

　　　　冷淡生涯画作殊，春光一半老江湖。
　　　　故园草屋书千卷，辜负梅花三十株。
墨梅图册
　　　　十月风和作小春，闲拈笔墨最怡神。
　　　　平生事事居迟钝，画到梅花不让人。
　　　　　　　　　　　　乾隆戊辰一月写
墨梅图册
　　　　化工错落好风殊，南北枝分共一株。
　　　　多谢画家秉直笔，先春烂漫后春无。
　　　　　　　　　　　　乾隆戊辰冬日
梅花册页
　　　　　　梅古半无花
墨梅图册
　　　　雪片千层彻夜敲，挑灯研墨画梅梢。
　　　　秀才偏是寒酸骨，冷淡知心故故交。
墨梅图册
　　　　手板迎官二十春，罗浮无梦到风尘。
　　　　簿书哪得琼瑶屑，怎教梅花不笑人。
　　　　　　　　　　　乾隆戊辰冬日夜于安庆郡
墨梅图册
　　　　　　笔底阳和力，能先庾岭开。
　　　　　　任凭楼上笛，终不点苍苔。
墨梅图册
　　　　古干盘根碧玉枝，天机浩荡是吾师。
　　　　画家门户终须立，不学元章与补之。
乾隆戊辰冬日　　按：另一首"古干盘根"作"铁干铜皮"，又一作"铁干寒根"。"天机浩荡"均作"庭前老树"。
墨兰图册
　　　　飞琼散天葩，因依空岩侧。

　　　　　守墨聊自韬，不与众草碧。
　　　　（一题后两句作前两句）
　　　　　　　　　　　　作于安庆山谷祠

题梅花图
　　　　琼枝小雪天，分外精神好。

题梅花图
　　　　逃禅老人画梅有疏影横斜之致，偶仿其意。

墨松图轴
　　　　一年一年复一年，根盘节错锁疏烟。
　　　　不知天意留何用，虎爪龙鳞老更坚。
　　　　　　　　　　　　　乾隆十三年夏写

兰竹图
　　　　翠带新翻墨汁痕，依稀招得楚忠魂。
　　　　几时能够心中住，但种兰花直到门。
（按：此图见王凤珠、周积寅编《扬州八怪书画年表》。"疑伪"。诗待考。）

梅花图轴
　　　　雪拥梅花傲岁寒，秀才风味画图看。
　　　　人言结实溅牙齿，未解调羹尚借酸。
　　　　　　　乾隆十三年又七月写于金陵客舍

一七四九年(乾隆十四年己巳)
墨竹册页
　　　　　满谷春风
　　　　　　　　　　乾隆己巳正月六日

梅竹
　　　　　梅竹双清

墨菊图册页　题杨万里《菊》诗
　　　　味苦谁能爱，含香只自珍。
　　　　愿将潭底水，普供世间人。

乾隆十四年正月写

墨竹册页

　　湖州昔在陵州日，日日逢人画竹枝。
　　一段枯梢作三折，分明雪后上窗时。

墨松图

　　苍髯铁爪欲飞扬，肯与人家作栋梁。
　　记得石桥明月夜，一溪龙影伏苓香。

墨鱼

　　雕虫小技墨痕枯，万里长风兴不孤。
　　天地合成如画匣，江湖展看化龙图。

　　　　　　己巳正月　　印：臣非老画师

墨梅册页

　　句　仿北宋人笔法

※墨竹

　　画竹只画个，新梢已作林。
　　拂云不需待，会见犇龙吟。

乾隆十四年正月廿六日

松石图

　　磔丽千万层，矗矗出云表。
　　云影着地流，涛声上天扰。
　　此叟不支离，挺立何矫矫。
　　施之大厦成，胜任原非小。

乾隆十四年夏五月写

竹院僧房图

　　借榻僧房竹院西，风梢露叶翠云迷。
　　凭空之夜无情雨，浑是潇湘浪涨溪。

乾隆己巳夏五月写于金陵活佛殿雨窗晴江李方膺南通州人
一七五零年（乾隆十五年庚午）

梅花立轴

　　　　梅花楼上几经春，对榻吟诗自有神。
　　　　别后未曾逢驿使，陇头闲折寄何人？
　　　　　乾隆庚午正月晤南庐于金陵石庄精禅写此奉鉴
　　　　梅花标格自天来，流落人间处处栽。
　　　　二十年前官县令，劝农曾见竹篱开。

一七五一年(乾隆十六年辛未)

墨梅图册页
　　　　直气横行另一般，画无曲笔为谁看。
　　　　此毫翰墨岂随俗，瘠影寒香在笔端。
　　　　　　　　乾隆十六年二月写于合肥五柳轩

梅花图
　　　　玉笛何人隔院吹，回廊风过影参差。
　　　　月来满地冰霜结，正是臣心似水时。
　　　　　　　　　乾隆辛未夏日写于高梁涧
　　　　每从江北望江南，万叠春云暗远岚。
　　　　欲寄骑亭劳驿使，一枝冰雪许谁探。
　　　　　　　　乾隆辛未夏写于盱眙之蒋家坝
　　　　大地春风总不殊，山家官舍两堪娱。
　　　　吴丝买得知难绣，领取新香入画图。
　　　　　　　　　仿华光老人笔于山阳之越城
　　　　半湾新月漾银钩，瘦尽春城十二楼。
　　　　怪底司勋眠不得，从今夜夜梦扬州。
　　　　　　　　　乾隆辛未初夏于泗州蒋家坝
　　　　洗净铅华不染尘，冰为骨骼玉为神。
　　　　悬知天上琼楼月，点缀江南万斛春。

　　　　墨泼毫端点玉芽，肯同凡卉斗奇葩。
　　　　须知图外春千树，解得调羹只此花。

记取风流姑射山,却随明月到人间。
何当引入罗浮梦,直向银河打桨还。

一夜山头雪正晴,玉栏干外月弓明。
早春独步堪谁赏,终古知音宋广平。

六月冰寒战齿牙。　　　　　于淮安山阳客舍
高枝新蕾　　　乾隆十六年夏五月于梅花楼
一角横枝　　　乾隆十六年夏五月于梅花楼
仿伯纪笔法于合肥五柳轩
描写岭上

竹图册页

　　　　晴江画雨竹
　　　　南风之薰兮
　　　　晴江学仲昭

墨梅图轴

东枝西干复悬斜,章法全无笑画家。
我有乡思来笔下,小楼四面看梅花。
乾隆十六年七月二日写于合肥之五柳轩寄奉艺园大兄清玩

梅花册页

句　　　　　小桥竹边

梅花册页

一行作吏怨平生,辜负东风过眼明。
记得故园三十树,雪晴月白伴书声。
　　　　　　　　题于五柳轩之菊山

梅花册页

终年学画古梅根,牵引孤怀不可论。
衰骨代去旋地轴,萧萧边幅淡墨痕。

　　　　　寒梅岑寂锁春愁，本色从来莫与俦。
　　　　　唯有多情枝上雪，东风吹缀小银钩。
梅花册页
　　　　　墨汁空飞笔势悬，画家心事密于烟。
　　　　　联珠缀玉铺平地，谁借东风送上天。

　　　　　梅林酒肆月横空，一段清香入画中。
　　　　　我落风尘长作客，美人误识赵师雄。
　　按：又一首"梅林"作"萧萧"，"清香入"作"清虚落"，"我落"作"我自"。
墨梅图
　　　　　霜添丰韵雪添神，冠却群芳自有真。
　　　　　我忆故人江北往，淋漓墨沈寄先春。

　　　　　梅花原不问遭逢，情性幽芳物外踪。
　　　　　领袖春官神自淡，驱除寒峭兴偏浓。

　　　　　江上丹青廿载余，春来春去自如如。
　　　　　故园好种梅三十，雪夜寒窗读父书。

　　　　　归来腊尽古梅开，镂雪雕冰月下堆。
　　　　　水部风流思入梦，梅花楼上酒千杯。
　　乾隆十六年七月写于合肥之五柳轩寄大年二兄清玩
墨梅图册页
　　　　　莫嫌画匠老凋虫，醉墨挥毫两眼空。
　　　　　一枝梅花四三朵，展看何处不春风。
　　　　　　　　　　　　　　　写于合肥五柳轩
　　　　　不管春归归未归，联圈密点雪花飞。
　　　　　商量六月消炎暑，只有梅花是也非。

　　　　　　　乾隆辛未六月写于汝阴

　　文　梅兰石图轴
　　峒山秋片茶，烹惠泉，贮砂壶中，色香乃胜。光福梅花开时，折得一枝归，吃两壶，尤觉眼耳鼻舌俱游清虚世界，非烟人可梦见也。

　　乾隆十六年写于八闽大方伯署　　按：李复堂小品一幅亦有此题，并署"花溪有此稿，略变其意"。

　　墨兰图册
　　　　　楚用灵均一个臣，揭车蕙茝总轻秦。
　　　　　画家解得滋兰意，万叶千花恐费神。
　　　　　　　　　　　　　　乾隆辛未九月

　　墨兰图册
　　　　　玉露金风九畹殊，托根当户奈何如。
　　　　　国香谁惜涸零尽，珍重芳心不肯孤。
　　按：乾隆乙亥秋日写于借园种菜亭。一首"孤"作"锄"。

　　墨竹图册
　　　　　墨沈淋漓翠嶂开，清风高节出尘埃。
　　　　　只悲难得王猷辈，不问主人看竹来。
　　　　　　　　　　乾隆辛未后五月写于万玉堂

　　墨竹图册
　　　　　奋雷初出地，承露已凌烟。
　　　　　愿从朝元驾，为旍拂九天。
　　　　　　　　　　　　　　　乾隆辛未年

　　墨竹图册
　　　　　双凤沐瑶池，毛羽空翠滴。
　　　　　仙人骑上天，但见辽海碧。

　　墨竹图册
　　　　　不是求名学画工，爱他高节复心空。
　　　　　平生细数辛勤处，都在淇园读齑风。

　　墨竹图册

附三：李方膺梅花楼诗抄、题画诗文及语录

　　　　　风梢露叶映疏棂，潇洒丰神见性情。
　　　　　高节要知何处看，翠云万叠补天青。
　　　　　　　　　　　　　　　　　　乾隆辛未

竹石图轴
　　　　　渭水千竿翠欲迷，此中通达甚灵犀。
　　　　　如何不供轩辕殿，鸾凤空山舞月低。
　　乾隆十六年嘉平月写于合肥五柳轩　按：乾隆十八年秋日写于金陵借园之梅花楼一首，"千竿"作"琅玕"，次句作"虚心直节与云齐"。

墨梅图
　　　　　精神满腹何妨瘦，冰玉为心不厌寒。
　　　　　潦倒竹篱茅舍外，龙涎吐向路人看。
　　　　　　　　　　　　乾隆十六年嘉平月写于五柳轩

墨竹图
　　　　　画史从来不画风，我于难处夺天工。
　　　　　请看尺幅潇湘竹，满耳丁东万玉空。
　　　　　　　　　　　　　乾隆十六年写于合肥五柳轩

墨菊图册
　　　　　疏枝密蕊晓霜封，此种秋容不可宗。
　　　　　自愧不如花意淡，一池墨汁当嫌浓。
　　　　　　　　　　　　　　乾隆辛未夏月写于汝阴

柏石图轴
　　武侯柏，少陵诗，鲁公书，千古三绝，惜无画之者。予何人，岂敢随其后，存其意耳。
　　　　　　　　　　　　　　　　　　乾隆辛未

墨兰图轴
　　　　　露坠回风下笔时，沅江烟云影参差。
　　　　　平生未识灵均面，万叶千花尽楚辞。
　　　　　　　　　　　　　　　　　乾隆十六年八月

梅花册页
>冠世精神分外幽,不同翠羽共啁啾。
>芳如兰蕙清如菊,一半春温一半秋。

印:受孔子戒　按:又一首第二句作"此般风致笔难收"。

墨菊图册
>星星霜蕊簇枝头,雨打风吹老未休。
>不是东篱春不到,菊花身世本宜秋。
>>乾隆辛未仿伯纪笔

>淡到黄花淡更奇,淡中滋味少人知。
>声声鹈鴂摧芳草,挺立霜天不寄篱。
>>写于五柳轩

>东篱八月尚嫌迟,意绪情怀我自知。
>轩外却逢五柳树,霜毫缱绻菊花枝。
>>写于乾隆辛未八月一日

桐石图
>朝阳鸣凤
>>啸尊者摹白阳山人

桂
>香飘云外

芍药
>学北宋人笔法于梅花楼

紫藤图
>藤若长虹千丈来,青云叠嶂紫云堆。
>看他不肯铺平地,要向山头顶上开。
>>写于采菊山房

※梅花
>逸韵清姿欲动初,平芜草木总阳舒。
>画家不候东风信,早竖春幡雪到除。
>记取风流姑射山,却随明月到人间。

何当引入罗浮梦，直向银河打桨回。

于盱眙蒋家坝

梅花册页
　　雕虫小技自年年，画到梅花动我怜。
　　吐萼惯经冰雪夜，浮香多在凛寒天。

按：邱作辛未年

一七五二年(乾隆十七年壬申)
荷花图
　　芰荷图就雪濛空，叶翠无伦花更红。
　　五月三边寒入骨，谁知天道曲如弓。

壬申十一月写　按：乾隆十八年五月写于金陵之借园一首，"芰荷"作"荷蘤"，"就"作"罢"。

墨鱼图轴
　　春满桃花浪，乘时跃禹门。

乾隆壬申八月作于借园

墨梅图轴
　　悬空垂干三千丈，不解灵根何处栽。
　　翻到蓬莱花事谱，年年春色自天来。

乾隆壬申正月

墨梅图
　　我与梅花信得真，梅花命我一传神。
　　叮咛莫写寒酸态，惨淡经营天上春。

墨梅图
　　笔底梅花镇日开，除尘□□一时回。
　　平生知己多惆怅，夜夜罗山入梦来。

秋仲于合肥五柳轩作

葵石图
　　篱边窗外报秋光，小草英英色色黄。
　　葵有丹心菊有骨，脚根立定傲金霜。

摹白阳山人笔法

兰石图轴
　　迷离萧艾露风寒，千古英雄泪不干。
　　搁笔沉吟谈往事，横琴未必调猗兰。
　　　　　　　　　　　乾隆壬申十一月

梅
　　索梅无厌是王生，节到端阳索更横。
　　满眼尽愁蒲酒醉，冰花雪蕊解人醒。
　　　　　　　　乾隆十七年端阳写于合肥五柳轩

墨松图
　　罗浮海上两山遥，来往仙踪不渡船。
　　何怪人情多更变，铁桥闻得换松桥。
　　　　　　　　　　　　写于五柳轩

菊石图
　　今年秋色更芳菲，为我多情是也非？
　　遥忆故园三径下，两开丛菊未曾归。
　　　　　　　　　　壬申秋八月写于五柳轩

一七五三年(乾隆十八年癸酉)
墨梅图
　　雪晴月上晚风香，屋后梅花次第芳。
　　天与遭逢迟岁暮，非关生性喜冰霜。
　　　　　　　　　　　　乾隆癸酉夏五

墨梅图册
　　绿萼硃砂刺眼明，巡檐索句最多情。
　　只愁淡墨轻烟色，春到无人问姓名。

乾隆十八年写于金陵河亭　按：又一首"淡墨轻烟色"作"本色逢时拙"。

墨梅图册
　　五月梅花泼墨池，孤标别韵不逢时。

虽无索笑巡檐客，心骨清凉我自知。

题于石家河亭　按：又一首首句作"梅花泼墨时时池"。

墨梅图册

香雪凝华冷淡生，并无秾艳动人情。
谁从本色来题品，知己难逢宋广平。

墨梅图册

雪意风情逸韵增，淡于秋水洁于冰。
知他不是风尘客，位置瑶台第一层。

墨梅图册

静坐河亭四十天，梅花涂抹两三千。
遥知市井春风遍，笑煞勾芒当醉眠。

墨梅图册

老干如何似柳悬，起人疑窦问春天。
不知花样年年变，万千明珠铁线穿。

乾隆癸酉春日写于金陵借园

墨梅图册

梅花与我本同乡，别后年年入梦长。
熟读何郎诗百首，十分心思一分偿。

五月十二日

墨兰册页

光风转蕙便成春，峻茂敷繁实可人。
不信灵均树百亩，半随萧艾半沉沦。

河亭偶作　按：又一首"峻茂敷繁"作"培养殷勤"。

墨兰册页

千古湘烟吊楚臣，芳心孤洁已成尘。
当年赘菉葹盈室，先见何如一妇人。

竹石图轴

一年画竹一年新，老可眉山两绝伦。
叹我笔无女子气，从前未学管夫人。

乾隆十八年二月于五柳轩

竹石图轴

有肉之家竹不知,何惜淡墨一枝枝。
老天愁煞人间俗,吩咐清风托画师。

乾隆十八年六月写于金陵望鹤岗深巷

竹石图轴

渭水琅玕翠欲迷,虚心直节与云齐。
如何不供轩辕殿?鸾凤空山舞月低。

乾隆十八年秋日写于金陵借园之梅花楼　按:又一首次句作此中通达真灵犀。

墨菊册页

最爱东篱菊,闲来笔底开。
自惭腰折吏,羞对此花栽。

乾隆癸酉夏日写于利涉桥

松石图轴

君不见岁之寒,何处求芳草。
又不见松之乔,青青复矫矫。
天地本无心,万物贵其真。
直干壮川岳,秀色无等伦。
饱历冰与霜,千年方未已。
拥护天阙高且坚,回干春风碧云里。

乾隆十八年三月写于合肥五柳轩

墨兰图册

镂琼结佩露风清,千古痴人一屈平。
峻茂曾骑三百亩,芳心何处立修名。

写于秦淮河之石家河亭　印:淮南布衣

墨兰图册

兰花有笑意。

墨竹册页

　　　　凯之竹谱不离身，到处挥毫便赠人。
　　　　自信俗肠为吏老，清风可扫积年尘。
　　　　　　　　　　　　　　　印：啸尊者

墨竹册页
　　　　　　句　南风之薰兮
墨梅册页
　　　　　　句　万里春光
墨兰图册
　　　　颠倒春风
题梅花册页　题明·徐渭《梅花》诗
　　　　从来不见梅花谱，信手拈来自有神。
　　　　不信请看千万树，东风吹着便成春。
庐郡对簿四首
　　　　堂开五马气森森，明决无伦感更深。
　　　　关节不通包孝肃，钱神无藉谢思忱。
　　　　官仓自蓄三千秉，暮夜谁投五百金？
　　　　能使余生情得尽，拂衣归去独长吟。　　之一

　　　　三千缧绁漫呻吟，风动银铛泣路人。
　　　　是我不才驱陷阱，信天有眼鉴平民。
　　　　情生理外终难假，狱到词繁便失真。
　　　　念尔各收囹圄后，老亲稚子泪频频。　　之二

　　　　公庭拥看欲吞声，愁听羁囚报姓名。
　　　　万口同词天尺五，片言示法眼双明。
　　　　肯从世道如弓曲，到底人心似水平。
　　　　两度寒温诸父老，却因对簿叙闲情。　　之三

　　　　红尘白发两无聊，赢得归来免折腰。

七树松边花满径，五株柳外酒盈瓢。
　　　是非终古秋云幻，宠辱于今春雪消。
　　　莫笑廿年沉宦海，转从三黜任逍遥。　　　之四

两老仆释囚诗以志喜二首
　　　此身不信得生还，狱底三年一息间。
　　　皮肉未曾沾枕席，妻儿何处梦乡关。
　　　风吹狱钥惊门启，雨打银铛湿泪斑。
　　　魂魄释归犹未定，故人来吊哪开颜。　　　之一

　　　误尽苍生笑我痴，鱼殃城火竟如斯。
　　　楚囚对泣两三载，狱吏呼号十二时。
　　　眼孔无天堪见日，脚跟有地不埋尸。
　　　古来多少伤心事，说与皋陶知不知？　　　之二

出合肥城别父老二首
　　　罢官对簿已三年，故国他乡两两牵。
　　　行李一肩淝水外，计程千里海云边。
　　　风尘历遍余诗兴，书画携还当俸钱。
　　　莫道劳生空自负，几人游宦得归田？　　　之一

　　　停车郭外泪潜然，父老情多马不前。
　　　茅店对尝新麦饭，桑田留看小秧田。
　　　一腔热血来时满，两鬓寒霜去日悬。
　　　不是桐乡余不住，双亲墓上草芊芊。　　　之二

墨梅
句　逃禅老人画梅真有疏影横斜之致，偶仿其意。
　　　　　　　　　　　　　乾隆癸酉冬日

竹菊册页
　　归去来，三径多荒台，径荒岂能荒我菊，菊边亦自有翠竹。
竹既翠，菊且黄，天容我归欤，秋光使我弗知三径荒。

乾隆十八年夏日写于借园

菊花册页

疎枝密蕊晓霜封，此种秋客不可踪。
自愧不如花意淡，一池墨汁当嫌浓。

梅花册页

笑杀东风压卧梅，联株缀玉伴尘埃。
扶它直起量长短，高透四径百丈开。

夏日写于借园

牡丹图

三春富贵散人家，锦绿韶华雨露赊。
天地无权凭造化，绍兴坛插牡丹花。

牡丹图册页

不是逢时好，闲来画牡丹。
心情多强倔，聊且供人看。

墨竹

写得潇湘竹数竿（阙）

兰

三冬幽谷经霜雪，雨露春风细细闻。
众草为君翻不尽，国香何日出尘城。

乾隆十八年写于金陵借园

兰竹石图

文　胸无成竹亦无成兰，并州快剪剪一段，山如此境，地高不可攀。

乾隆癸酉八月

兰石图

深山峻茂自年年，清品无伦信是仙。
樵子担挑街上卖，国香狼藉一文钱。

乾隆癸酉七月写于金陵借园

梅花

月色无高下，梅花有伛偻。
　　　立身千仞上，只是看枝头。
　　　柯根屈铁古铜苔，惆惆无华耐雪来。
　　　梅花渐知逢世放，氛条飘逸向人开。
　　　　　　　　　　　　　　五柳轩逸笔
　　　凫茈两碟酒三卮，索写梅花四句诗。
　　　想见元章愁米日，不知几斗换冰姿。

一七五四年(乾隆十九年甲戌)
墨梅图轴
　　　轻烟淡墨玉精神，洗尽繁华不惹尘。
　　　岂是梅花偏矫俗，文章五色贵清真。
　　　　　　　　乾隆十九年四月写于白下借园梅花楼
墨梅册页
　　　铁干冰花雪里开，精神满腹自天来。
　　　不关九十春光事，领袖东风廿四回。
　　　　　　　　　　　　　　乾隆甲戌写
　　　任经冻雨任严霜，物外闲情世外妆。
　　　王冕最痴思作伴，三间茅屋作花房。

　　　玉骨冰枝本不凡，东皇位置在层峦。
　　　和风丽日开图画，却许清标举世看。
墨梅图轴
　　　十日厨烟断未炊，古梅几笔便舒眉。
　　　冰花雪蕊家常饭，满肚春风总不饥。
　　　　　　　　　乾隆十有九年十月写于金陵借园
墨梅图卷
梅花有品格性情，须画得其旨趣，然后可以传神，不则无盐子学美人也。
　　　　　　　　　乾隆十有九年十月写于金陵借园

墨兰图册

爱栽滋兰入我门，商量花叶且休论。
两山合抱空人迹，露堕风回淡墨痕。

乾隆甲戌正月写于金陵

墨兰图册

花开市上掬盈筐，瓦罐砂盆种亦芳。
清品纵然无俗累，出山不比在山香。

印：小字龙角

墨兰图册

楚畹清风涌笔端，廿年作客与盘桓。
自怜不唱猗兰曲，万叶千花供世看。

墨兰图册

平生交友数兰亲，潦倒风尘情更真。
作客廿年寻旧梦，往来多在楚江滨。

墨兰图册

问天莫笑总无知，也惜幽兰鬓渐丝。
当户已愁锄欲尽，入山又恐负芳时。

晴江客金陵借园

墨兰图册

秋士愁落叶，秋兰耐早霜。
且倾三斗墨，洒笔作潇湘。

墨兰图册

画兰何必太矜奇，信手拈来自得宜。
叶乱花迷浑是墨，芳心点出释人疑。

印：受孔子戒

风竹图轴

波涛宦海几飘蓬，种竹关门学画工。
自笑一身浑是胆，挥毫依旧爱狂风。

　　　　　　　　　乾隆十有九年春日写于金陵

墨松图轴
　　　　云影流无定，涛声落半天。
　　　　　　　　　　乾隆十有九年十一月写

墨兰图册
　　　　兰有芳心我有心，相同臭味泪沾襟。
　　　　遭逢世上原无定，好伴深山看古今。
　　　　　　　乾隆甲戌写于梅花楼　　印：自适其乐

墨兰图册
　　　　颠倒春风

墨兰图册
　　　　花歌叶舞

梅花册页
　　　　生憎施粉与施朱，高挂青天明月珠。
　　　　春到江南称第一，雕冰镂雪墨痕无。
　　　　　　　　　　印：自食其力　大开笑口

梅花册页
　　　　十三楼畔邗江东，馆阁清标韵不同。
　　　　风雅不归欧永叔，梅花何处问遭逢。
　　　　　　　　　　印：冷香　天　上下千古

一七五五年（乾隆二十年乙亥）

墨梅图
　　　　元章炊断古今夸，天道如今到画家。
　　　　我是无田常乞米，借园终日卖梅花。
　　　　　　乾隆二十年八月又六日写于金陵借园之虎溪桥

兰石册页二首
　　　　楚畹辛苦倍悄然，紫茎膏润绿冰鲜。
　　　　是谁肯贮赏磁斗，尽日临窗镇十年。
　　　　芳菲孤洁入山深，泣露啼烟香满林。

221

　　　　　　一自灵均吟泽畔，不逢知已到如今。
　　　　　　　　　　　　乾隆乙亥秋日写于金陵

柏石图轴
一百一十长春图　　　乾隆二十年长夏写于金陵梅花楼
梅花图卷题辞
　　　予性爱梅，即无梅之可见而所见无非梅。日月星辰梅也，山河川岳亦梅也；硕德宏才梅也，歌童舞女亦梅也。触于目而运于心，借笔借墨，借天时晴和，借地利幽僻，无心挥之而适合乎目之所触，又不失梅之本来面目。苦心于斯三十年矣，然笔笔无师之学，复杜撰浮言以惑世诬民，知我者梅也，罪我者亦梅也。
　　　　　　乾隆二十年四月初六日写于金陵借园虎溪桥
※梅花图卷十首
　　　　万树梅花供寿筵，霜眉雪鬓艳阳天。
　　　　任他絮絮家常话，阅历春风五百年。

　　　　最爱南枝有主张，不逢知己不芬芳。
　　　　自从水部识名后，千载重来一沈郎。

　　　　姿清气古老梅根，聊缀疏花点淡痕。
　　　　纵使岭南三百树，繁枝密蕊画儿孙。

　　　　懒修边幅怕逢时，孤立人间知不知。
　　　　冷淡宁甘修粉泽，繁花无度却胭脂。

　　　　一两三枝竹外斜，凌凌风骨远无涯。
　　　　不因人倩消寒气，石破天惊放素花。

　　　　悃愊无华望若空，松姿鹤貌两相同。
　　　　天生瘦骨坚如铁，时历重桪不怕穷。

联珠缀玉满庭香,正是繁华第一场。
回忆三冬经历苦,几番冰雪几番霜。

细数根花交不多,秦松汉柏往来过。
非关眼界意千古,冰雪为心奈若何。

先生风雅出寻常,爱我梅花梦亦狂。
坞外白云新世界,扬州明月归家乡。

称觞再拜我奏筵,一朵梅花酒一卮。
二十四番风领袖,献春美意未舒时。
乾隆乙亥正月补题十章奉贺凤翁老先生七十大寿
晴江李再拜

竹石
人逢俗病便难医,岐伯良方竹最宜。
墨汁未干才搁笔,清风已净肺肠泥。
乾隆乙亥七月借园　按:又一首"岐伯"作"画史","才搁"作"三两","已"作"洗"。

梅花图卷

文　借园初夏,万绿迷离,池水盈岸,鸟语高低。约沈凡民、袁子才、金寿门共赏之。适大雨滂沱,诸客不至。无聊之际,命李文元吹箫,梅花楼侍者鲁竹村、何蒙泉度曲,郝香山伸纸研墨,画梅花长卷数十株,兴之所至,一气呵成。客来一乐也,客不来又一乐也。可见天地间原有乐境,视人之寻与不寻耳。时在乾隆二十年三月立夏后六日。
一七五六年(乾隆二十一年丙子)

语句　　吾死不足惜,吾惜吾手。

乙：未编年诗文

墨梅图轴

我渡大海入空山，空山万树白雪颜。攀藤穿雾登其顶，十围百尺绝等闲。欹者欹、春星皎，横者横、春月晓，拙者拙、神袤袤，枯者枯、光窈窕，形如龙、云夭矫，皮似铁、香飘渺。欲询古梅何年栽？缟衣素冠道士来。自言九岁坐方台，曾经乾坤两劫灰，只见梅谢与梅开，不知春去复春回。牵衣再细问其因，化入寒烟渺无尘，世人不识古梅面，古梅哪识世间人？寻旧梦、泪沾襟，神仙骨、古梅身。是一是二、谁主谁宾，言之津津有味，纵横写之恐不真。按：一署："乾隆五年六月半壁楼作"。"我渡"作"梦渡"。

咏萃景楼

  东南风雨消残暑，吴楚江山入早秋。
  渡口日沉僧磬起，港门潮落客帆收。

梅花册页

  写梅未必合时宜，莫怪花前落墨迟。
  触目横斜千万朵，赏心只有两三枝。

梅花册页

  梅花标格自天来，流落人间处处栽。
  二十年前官县令，劝农曾见竹篱开。

梅花册页

  玉骨冰枝属不凡，东皇位置在层峦。
  和风丽日关图画，却许清标举世看。

竹笋册页二首

  竹笋峥嵘不可当，一旬之外遍新篁。
  穿云浥露情何限，蕡实联珠馈凤凰。
  护箨封篱日夜忙，用他材料供明堂。
  山妻只要街头卖，一个铜钱一大筐。

盆兰图轴
　　　　买块兰花要整根,神完气足长儿孙。
　　　　莫嫌此日银芽少,只待来年发满口。
　　按:又一首后两句作"莫嫌今岁花开少,还看明年发满盆"。

凤尾紫燕图册页
　　画竹之法须画个,画个之法须画破;单披凤尾、双飞紫燕穿插只,经营位置求生新,二皆难矣。余读离骚之余,实无常师,稍得生气便止,非娱时人之耳目也。

墨竹册页
　　　　笔意出天机,倏然仰复低。
　　　　稍须风势定,自有凤来栖。

※墨竹
　　　　画到琅玕墨更浓,自怜吏老俗填胸。
　　　　廿年江上兰风伴,明月晴开雪后逢。

※墨竹
　　　　丰神潇洒在有意无意之间

荷图
　　　　待出污泥有异香,一枝一叶大文章。
　　　　濂溪去后风流远,检得清芬到讲堂。
　　　　　　　　　　按:可能作于雍正二年

※对联二
　　　　潘安仁间可奉亲,郭林宗贞不绝俗。
　　　　千古文章传道学,一堂孝友乐天伦。

※墨鱼图
　　　　失水神龙蚁亦狂,风云有会变无方。
　　　　应吹雪浪摇星斗,晓涌晴波浴太阳。

梅花册页
　　　　琼林春宴马蹄空,天下英雄入彀中。

225

五百年间名世出，青衫未染杏花红。

老梅三月遇邅屯，客里匆匆□日春。
笔底能开千万朵，古来何事不由人。

梅花册页

梅花□□旧风流，江风江月两未收。
二十四桥清韵在，年年□□古扬州。

乾隆□年二月
写于扬州天宁寺

墨鱼图册页

河鱼一束穿稻穗，稻多鱼多人顺遂。但愿岁其有时自今始，鼓腹含哺共嬉戏。岂惟野人乐雍熙，朝堂万古无为治。

按：此图无签名，有印"大开笑口"，笔墨更似李鱓作。

书法　咏双松辞

人传东岳之高峰，上有参天双松屈曲势如龙，深根万古历冰雪，秦烟汉月青濛濛。此松开花香不了，结子大如安期枣。愿君采子更餐花，岁岁使君颜色好。

画松

一松磊砢俯山椒，长伴幽人守寂寥。
只恐风云来旦晚，龙鳞生就欲腾霄。

风竹

几年宦海任飘蓬，嗣后关门作画工。
自笑一身浑是胆，挥毫依旧爱狂风。

※梅竹图二首

借园啸傲嗟穷老，故土归来慎始终。
入梦暗香闲有伴，诗书题句写初衷。

画梅手段夺天功，竹石丁东淡荡风。
春日花翰清瘦笔，秋光野溢浅绿丛。

画松二首
　　　　摩天直干十围宽，常见青青傲岁寒。
　　　　材料不能堪作柱，石桥偃蹇听人看。
　　　　对此苍苍日与俱，故人一见笑胡卢。
　　　　如君已赋归田去，肯复低头事大夫？
扁豆
　　　　沿篱豆子莳春初，转眼花明雪片疏。
　　　　夏借清阴秋食荚，野人消受半年余。
水仙
　　　　寒泉一掬盎中栽，翠羽纷披几度开。
　　　　小阁梦回帘月白，凌波疑是玉人来。
月月红
　　　　　月月红如此，那能数见鲜。
　　　　　一年开一度，应博世人怜。
梅三首
　　　　春色经年客里过，暗香疏影冷山阿。
　　　　归来羞见枝枝雪，飞上头颅一半多。
按：乾隆辛未八月写于合肥五柳轩一首，"春色经年"作"倦客春光"，"枝枝"作"千枝"。
　　　　蕊瘦枝寒雪里开，精神满腹自天来。
　　　　纵然落拓篱边种，领袖东风廿四回。

　　　　别后相思近十年，梅开几度到窗前。
　　　　并无好话酬知己，学得元章换米钱。
兰
　　　　　幽兰何亭亭，临风独潇洒。
　　　　　不言而自芳，谁为素心者。
松
　　　　千枝万干翠云交，一片浓华耐雪敲。

227

搁笔支颐三叹息,看花天日射林梢。

题梅花集句
天低驿路岭梅疏,静裹寒香触思初。
欲起补之图景看,灞桥风雪自骑驴。

牡丹绿竹图
画事推敲问画工,非关竹绿牡丹红。
白琅林下陶弘景,秦地淇园卫武公。

晴江俚顿首再拜

墨菊图册
寂寞东籬浥露清,愿同草木任枯荣。
无边好事陶澎湃,惹得人间识姓名。

菊石图
句　南阳郦县有甘谷,上有大菊落水中,得其精液谷中。饮此水者,上寿百二三十,中岁寿百余岁。

梅菊图
走墨漓漓春与秋,感怀往事我悠悠。
冒霜黄菊陶彭泽,卧雪梅花李邺侯。

言
两汉吏治,太守成之。后世吏治,太守坏之。州县上计,两司廉其成,督抚达于朝足矣。安用朝廷二千石米,多此一官以惹间之邪!

摘自袁枚《李晴江墓志铭》

言
人生宇宙,饮食有死活,皮肉分香臭。珍馐不死而食者死,蔬水不活而食者活。夫食以养体,耳目不臭视听臭,则耳目亦臭;手足不香动作香,则手足亦香。质之前人,准之今人,决之后人,死活香臭画如也。

摘自丁有煜《个道人遗墨·哭晴江文》

附：待考诗文

题墨竹

亭亭高节照时人，风雨无关我自春。
留得心田三寸地，孙枝叶叶又成林。
按：此字画见于网上，待考。

菊图

谁道西风花事阑，东篱烂漫更奇观。
精神偏傲严霜好，晚节峥嵘画亦难。

牡丹

清平调里风流在，高贵场中本色无。

月梅图轴

燕山雪尽势嶙峋，写得家山事事真。
刚有寒梅太疏落，请君添取一枝春。

梅图

雪晴月上净无尘，一带溪烟继续春。
想到此间何所事，便宜世上画梅人。
按：此图见于网上，待考。合肥菊山。

菊石清供

春荣夏茂季秋香，晚节还能傲雪霜。
不见东风桃李面，，一拳灵璧伴孤芳。
按：印文木头老子，非常见印模。此图见于网上，存疑。

牡丹图

随意写名花，不染胭脂色。从来倾国人，娥眉淡如拭。
印：名酒手巧

盆兰

造化昏昏不足论，幽兰何处可容恨。
人情看破愁当户，潦倒田家老瓦盆。
乾隆十八年五月写于金陵秦淮河水亭

按：此字画见于网上，待考。

鸡冠花

何处一声天下白，霜华晚拂绎云冠。
五陵斗罢归来后，独立秋亭血未干。

按：此图见安徽拍卖杂志。

（注：诗题前有※符号者，为转录自邱丰所著《画家李方膺》一书，此处作了错字校正——特此说明。）

后 记
——李方膺作品中的信息

　　本书是一本传记，以叙述为主，间出考证、分析和议论，也间出描写，但以尊重历史史实为原则，力求比较准确而真实地挖掘出历史人物的精神世界。

　　本书的写作借鉴了部分前人的研究成果，同时又有不少地方不同于前人。主要参考了今人编写的《李方膺年谱》《年表》，重点依据各种古籍对李方膺生平的原始记载和李方膺本人作品中所反映出来的信息。对于本书主人公李方膺的生平经历、个人思想、艺术追求，我除了未敢隐匿自己的看法之外，同时也对有关历史事件以至人物生活细节作了多处考索和探讨，这对于研究李方膺也许有一点新意。

　　20世纪八九十年代，全国出现了研究扬州画派的热潮。南通文物商店引进了各地出版社出版的李方膺画册和相关书籍，我仅出于对乡贤的崇敬以及对美术的兴趣，陆续搜集了一批资料，当时只是为了满足阅读而已。1997年，南通举办"纪念李方膺诞辰三百周年"活动，展出了李方膺的书画作品，我才知道李方膺原有《梅花楼诗抄》二卷，今已散佚。从此，我就有心查找李方膺所著的文字资料。例如，从市图书馆藏清代王藻编《崇川各家诗抄汇存》中抄得二十六首。从周积寅编著《李方膺书画集》、何平华编《扬州画派作品精选·李方膺》《扬州八家画册》等著作上抄下了李方膺题画文字资料两百多篇诗文。同时又留心各地图书上零星刊出的李方膺作品,如发现邓明编的《百梅图说》一书上,有一幅从未见过的藏于浙江省博物馆的李方膺的作品。画上题的一首诗是:"逢人道我是狂夫,成得狂夫便是吾。只想梅花当饭吃,广平一字一鸦涂。"落款是"乾隆十年正月写于梅花楼"。觉得重要,就买了回来。这种因有一幅有价值的画而买下书的情况是常有的。后来又做了一件"笨事",即把李方膺著的文字资料——主要是诗文(包括借用他人诗文题画的作品),按年代先后重抄了一遍,为甲篇:编年作品。余下的称乙编:未编年作品。又有"待考诗文"附于后。另外,我在抄录李的题画作品的同时抄录了时间和地点的落款,并有心一一查找出诗文中的用典。这样一排列、一阅读后便发现了不少新的信息,有的是前人研究时没有重视或者没有发现的,有的是前人弄错的。这样,我就觉得有必要写出自己的发现和认识来了。

适值南通市江海文化研究会的鼓励,希望有一本关于李方膺既真实又有可读性的图书,我就选择了传记的写法。

我在李方膺作品中寻找信息,首先注意的是他在不同时期所反映出来的思想感情和取得的艺术成就。

先说我对李方膺思想境界的认识。我认为李方膺作品中反映出来的人民性,在扬州画派一群画家中当和郑板桥相伯仲,是数一数二的。郑板桥为官时说,"天地间第一等人只有农夫,而士为四民之末",其在家书中又反复盼咐舍弟"焚去"前代家奴契券,要体贴宽待佃户。李方膺年轻时即承"农为本"的家教,自己又放牛、又下田(如有诗自述少年时"早起牵牛下绿芫""东作提筐送饭无"等),就培养了对农人的同情心。日后他做乐安县官时,连贫苦佃户无柴草的事都想到，并帮助解决。在《柿枣图》和《墨菜图》上题的诗，说农人房前屋后和自家地里长的柿枣蔬菜都不敢上市换米钱，原因是"怕得官衙索税钱"，"贱卖青钱到手空"；在《钟馗图》上题的诗说"节近端阳大雨风，登场二麦卧泥中。钟馗尚有闲钱用，到底人穷鬼不穷"。从中，都可以看到李方膺接近"农人"、同情"农人"的思想。而晚年的李方膺则又有过之。他称笔下的梅花为"平生知己"。这"知己"是他心目中品格最高尚的人。他一生不携妓、不纳妾，宽待"侍者"。做官的时候不在下僚面前摆架子，如常与下官喝酒，且"脱帽露顶，不知身为长官"。尤其在金陵秦淮河畔居住、卖画期间，他在梅花长卷上的题辞里，赫然把封建社会里被压在最下层的"歌童舞女"，比喻成世上最洁净的梅花，并且把她们和"日月星辰""山河川岳""硕德宏才"并列，这是十分大胆而进步的思想，不禁让人联想到《红楼梦》作者对晴雯等下等奴仆的同情，显然这是明末清初出现的朦胧的民主意识。

　　同时，笔者以为前人研究李方膺往往立足于"画家"角度，而对他勤政为民的才能和魄力评价不足。这主要表现在乐安知县任上所做水利调查和经周密计划开挖修筑了一条全长五十六里有奇的福民河，前人往往一笔带过，没有达到足够的重视程度。李方膺所撰《山东水利管窥略》一书，实是一部十分详细、严密而科学的水利论文；主修开挖的福民河造福一方，在那个时代不能不算是一项重大工程。这也是他本人晚年十分看重的一件事。本书做了较详细的介绍，或许更有利于了解主人公的执政能力和思想水平。

　　次说李方膺的艺术品位。笔者把李方膺的艺术生涯分为四个阶段。一为青少年时代的学习时期，学无专师，实为多师。二为眼界打开后的觉醒时期，强调以造化为师，强调"画家门户终须破"，破因循守旧，破陈规陋习。三为成熟时期，强调"画家门户终须立"，树自己面目，立自己风格。四为晚年的顶峰时期，创作出人格与画品高度一致、诗画融为一体的艺术意境。所谓"万叶千花尽楚辞"，这是他的倔强性格、离忧情怀在《楚辞》中找到精神寄托，一旦寄于自创的诗画之中，即产生了如歌如泣、如血如泪的艺术效果。

李方膺的作品还为我们提供了大量有关他个人的生活轨迹等方面的信息。试举几例如下：

一是关于李方膺年轻时有没有入监的问题。以往学者根据多数地方志记载李方膺为"诸生"，而没有重视《潜州志》称李方膺为"监生"的记载，因而说其"没有入监"或者"没有必要捐监"。资料证明，雍正二年（1724）初，李方膺入了太学。他在甲辰年（即雍正二年）作的画上，明白地写着"三月""客都门""听讲日灯下"等字眼。他到京城去做什么？听什么讲？什么是"听讲日"？且有"迥兄、芝兄"同时听讲，这就是入监听课。监生有的学三个月，有的学六个月，时间不等，故有"迥楼三兄"先自"都门归里"的情况。至于是不是"捐监"？确实没有必要。捐监的大多为有钱而无真才实学的人，也是雍正帝认为"弊端"并指出要拨正的。但入监不是靠"捐"一条道。

二是李方膺为"阻垦"而被关入青州狱，时间多长？在几月份？从雍正十三年（1735）一首《玉兰图》的题诗中大致可以判定时间。诗曰："劝农不知路迢遥，曾见乡村玉树条。官罢到今才两月，家家斧劈当柴烧。"落款是"乙卯十月二十一日写于琅琊"。开垦当在秋收之后，雍正帝又恰在这年秋八月病卒。又据《清史稿》载，乾隆帝接位后又较快地处理了不顾实情而兴垦的王士俊，垦荒事息。这就是李方膺为"阻垦"坐牢的时间，即八月到十月之间。上文这首诗也恰恰未能引起大家的重视。

三是"半壁楼"的所在地。前人著书有说在济南。这样一来，乾隆五年和六年，李方膺在家丁忧期间就有两次跑到济南去了，显然与封建礼制不合。或说李在通州家中作画想到济南的"半壁楼"因而题于画上，也似勉强，且无依据。李方膺没有在历下（济南）做官倒记挂起济南的一座小楼？且有画是赠给被李方膺称作"叔"的较为亲近的前辈的，更不可能把历下（济南）一个不相干的小楼名题在画上。笔者则从李方膺作品中发现半壁楼筑于雍正十一年，初为其父李玉鋐回乡养疴所居（今南通市寺街内李方膺故居，据说早先也为李玉鋐所购置）。李方膺在雍正十一年底回家过春节时，称其为"新构小楼"，似还无名称。不久，李玉鋐致仕后一直住到乾隆四年去世，楼名大概是先由李玉鋐起的。乾隆二年，李方膺探亲在家作画始署"半壁楼"。乾隆四年李玉鋐去世后，李方膺在乾隆五年作《松石牡丹图》，题款署"半壁楼"，印章是"梅影楼"。可以推测"梅影楼"又可能是"半壁楼"别称或是李方膺初想用名。到乾隆六年冬月的画上才出现"梅花楼"的字样，从此楼名才定下来，"半壁楼"名和"梅影楼"印章也都不见再用。由此可见，半壁楼应当是梅花楼的初名。

四是乾隆十三年，李方膺在当时安徽省的省会安庆郡，召集了两次笔会，惜诸家都未能记一笔。他画了那么多的画，朋友们又题了那么多的诗，是值得记一笔的。一次是和桐城知县张开士、贵池知县王名标及建德知县庄经畲，欢聚在"皖江箐山堂"。一次是和名流山阴余守谦、镜水傅汝翼及雷水龙申，雅集于"皖江客舍"。每次李方膺都作有十来幅册页，朋友们也在他的画上尽兴展示了自己的诗才和书艺。又在乾隆十六年春节前，李方膺画了三十六幅册页交顾于砚加墨，顾赞赏不已，并题了三十六首诗。这些活动正如后来李复堂称赞李方膺所说的，"簿书鞅掌（公务繁忙）中仍有此闲情幽兴"。为此，笔者在书中不吝笔墨作了详细记载。

五是李方膺罢官是在乾隆十五年还是在十六年的问题。最早提出这个问题的当为南通前辈管劲丞先生。他的关于李方膺的研究文章可谓开山之篇，主要有《李方膺叙传》《李方膺史料杂考六题》及《丁有煜卒年》《李贡南与李复堂》《李方膺官罢合肥》等相关文章。在李方膺合肥罢官问题上，他认为"当在乾隆十五年，十六年仍留合肥候审"。其理由是"写于合肥五柳轩和写于汝阴的画件，系年乾隆十六年或辛未，即其明证"。而赵鹏先生订《年谱》则将罢官事置十六年内。笔者以为后者是正确的，然又惜其未指出在何季何月。笔者分析，李方膺被罢官是在乾隆十六年下半年。理由有三。汝阴是合肥的古称。李方膺在画上落款题"写于合肥五柳轩"或"汝阴"，能证明其在合肥，但还不能进一步证明其被罢官。"五柳轩"不是衙门的后院，这一点也可证明，因为乾隆十八年李回合肥还住在那里。但不能说明李方膺初到合肥上任不住在五柳轩，罢官后才移住五柳轩，因为目前还没有发现李方膺于乾隆十五年在合肥作的画。这是一。其二，乾隆十六年春夏之际，皇帝第一次南巡，来回曾两去安徽洪泽湖畔"视察"大堤。李方膺在是年春夏之间写的题画诗句有"南风薰兮""愿从朝元驾，为旆拂九天"，明显情绪高昂，颂圣（颂尧帝），全似随班接驾的口气。到下半年题画诗才忽题"平生未识灵均面，万叶千花尽楚辞"。情绪陡然下降，离忧牢骚满腹。其三，合肥案子结于乾隆十八年二三月间，这是公认的。李方膺在是年作的《庐州对簿》诗中说两老仆横遭牵连，"三年缧绁""两度寒温"；在《出合肥城别父老》诗中说"罢官对簿已三年"；在《两老仆释囚志喜》诗中说"狱底三年一息间"，"楚囚对泣两三载"。如是罢官在十五年，到十八年当称"四载"，或"三四载"，则与诗中提供信息不合。如是从十六年的夏末算起，到十八年的春天，恰是经历了两个冬天两个夏天（两度寒温），时跨"三

236

年",隐合诗中多处所言。诗中的信息似比较准确可信。

六是关于李方膺"性爱歌舞"与否的问题,今有学人所说不同意古人者。清通州知州王藻说李喜歌舞,今人有说不会、不可能的。其实袁枚就当面夸李"吹箫唱曲鼓舞之,乐莫乐兮画梅时"。本书中亦提到李方膺少年好友丁有煜喜欢昆腔的事,这对李也会有影响。李方膺罢官后居金陵借园,有诗云"静坐河房四十天"。也许是前人认为此河房在哪里不重要,没有去探讨。笔者以为此河房并非借园中的河房。借园可能是破落乐户的住宅,因为袁枚有诗记载借园临水,有桥有亭。但李方膺的画上出现的是"借园种菜亭""借园虎溪桥""借园梅花楼"等。而画上所题"河房"有"金陵河亭""石家河亭""秦淮河水亭"等,另外还有题"金陵酒家""望鹤岗深巷""利涉桥""桃叶渡"等,本书从这些称谓上的区别分析,也说明李方膺在乾隆十八年卖画,多在酒家歌楼河亭作画。有歌舞作伴也是李方膺喜爱的。

另外,本书对李方膺接触过的主要人物,也花了一点笔墨,根据史料做了必要介绍。这或许有助于读者了解当时的大背景。本书在细节方面,也尽量查证资料,力求可信。如目前流行的诸多《李方膺画册》中,都有一幅《河鱼一束穿稻穗》的画。前人写书作文多以此为准。查王凤珠、周积寅编《扬州八怪书画年表》及黄俶成著《画仙春秋——李鱓》都作李复堂作,从笔墨和书法上看也是李复堂手法。本书则从后二者。又如西泠印社出版社《郑板桥题画诗》中有板桥为李方膺题"八哥""萱猫""鹌鹑"等多幅作品。查原作影印件,郑题诗于"乾隆甲申年",所有画上又同钤一印"泠迹补画"。"甲申"是乾隆二十九年,"补画"更在其后。李方膺早卒于乾隆二十一年,明显非李方膺手笔。本书则不取。再如李方膺曾自号"抑园"。笔者在丁有煜诗集中查到《与抑园竟日话二首》《用抑园韵东还初四首》《和抑园六十自述四首》，又见有《年表》记载乾隆二十一年李方膺作《六十自述诗四首》事。今据赵鹏先生帮助、重新查证，丁集中"抑园"乃"陈抑园"，非李方膺。又有文说乾隆十一年，李方膺进京谒选曾专门拜访大学士朱轼。查《清史稿》，被雍正、乾隆帝器重的老臣朱轼，在乾隆元年秋天已病逝。本书则不随人。还有李方膺居金陵，与袁枚、沈凤游"隐仙庵"。有文说隐仙庵为佛教寺庙。查《袁枚全集》得《隐仙庵听卓道人弹琴……》一诗。一为小"茅庵"，故不称"观"；二为道人姓卓，释家则不称俗姓。故可知为道教小观。再是李方膺的朋友"岷翁""铁君""大年"等究竟为何人，也尽量做了一些探讨或提出了笔者的看法……

在写作本书的过程中，自然也有不少遗憾。李方膺《梅花楼诗抄》二卷不传，即一大遗憾。另外，本书所采用李方膺生卒年，依据了管劲丞先生的考证。笔者也认为其考证较为严谨。然而，定李方膺卒于乾隆二十一年九月，至今尚没有能够发现一幅李作于乾隆二十年冬和二十一年春夏的作品，也是一憾。根据现代科学推测，李方膺晚年可能得的是食道癌一类恶疾。这种疾病在初期并无大痛苦，一旦发现，往往时日不多了，尤其在古代更是如此。因此，于乾隆二十年冬及二十一年春夏，李方膺在金陵不会没有一幅画。这些都要等待时日作进一步挖掘了。

一本小书，单从开笔到写完最后一个字，就花了九个月的时间。一是自己老了，得慢慢来。二是每写一节，如遇有疑问就停下来，翻阅资料，再做些考证和分析，无功利之急。我的目标是要努力写出真实性、思想性、知识性和可读性。现在终于完稿了，也算我对乡贤李方膺的一份敬意吧！在这本书快付梓的时候，更有必要提到一个人，就是我的忘年交画家、学者邱丰先生。他是一位搜集各类文化资料的有心人，生前"曾在北京故宫，上海、南京、镇江、扬州等处博物

后记

院看李方膺真迹","壬戌夏六月有幸到故宫看方膺画,连看数日,大饱眼福,又有刘九庵老先生从旁评讲、交谈,获益匪浅"(引自邱著《南通地方书画人名续录·附录》)。邱先生观赏作品也随带小本子记下了画上题款。这都收在他著的《画家李方膺》一书里。他搜集到的作品比市面常看到的要多出几十首。加上笔者搜集到的散佚作品,就比一般读者看到的更多些。这样,信息量自然要大得多了。特别有一些作品的发现,说明了关键问题,尤为令人惊喜。另外,在查阅相关资料方面,南通市图书馆副馆长倪怡中先生和古籍部杨丽主任及南通博物苑金艳副苑长与有关部门负责人葛云莉、崔蓓蓓、王建华等同志不厌其烦地为我提供了很多方便,还有诗人仇红兄热心地为我搜寻画册之外的李方膺的作品图片,画家唐广义兄把他祖父传给他的《南通书画大观》借给我翻阅,以了解更多李方膺的背景。又有大学同窗南师大原党委副书记、诗人张培元兄为我在母校研究生院图书馆查找丁有煜的著作,省作协党组原成员成正和兄帮我了解金陵"利涉桥"的情况,南通大学原副校长、著名画家沈启鹏先生将他创作的李方膺画像任由我选用……知我写作此书的朋友都给予了热情的帮助和鼓励。这次出版,又得到苏州大学出版社责编董炎、校对巫洁的热心指导和支持。在此,我向他们表示衷心的谢忱。

笔者一管之见,难免存在疏漏和错误,欢迎专家、读者批评指正。

张松林 2015年1月初稿,2017年定稿

主要参考书目

李方膺著 《扬州画派书画全集·李方膺》 天津人民美术出版社

周积寅编著 《李方膺书画集》 人民美术出版社

何平华编 扬州画派作品精选·李方膺 江西美术出版社

丁家桐著 《扬州八怪全集》 上海人民出版社

卞孝萱主编 赵鹏等编著 《扬州八怪年谱》（下） 江苏美术出版社

王凤珠、周积寅编《扬州八怪书画年表》 江苏美术出版社

李方膺著《山东水利管窥略》 南通图书馆古籍部藏李琪手抄本

崔莉萍著 《江东狂生》 上海人民出版社

袁枚著《袁枚全集》 江苏古籍出版社

郭因著《中国古典绘画中的形神论》 安徽人民出版社

王藻编《崇川各家诗抄汇存》 南通图书馆古籍部藏

周积寅编著《中国画论辑要》 上海美术出版社

张传友编著《古代花鸟画论备要》 人民美术出版社

韩林德著《石涛与画语录》 江苏美术出版社

徐渭著《徐渭集》 中华书局

林木著《明清文人画新潮》 上海人民美术出版社

李方膺著《荣宝斋画谱·李方膺》 荣宝斋出版社
郑燮著《郑板桥集》 上海古籍出版社
管劲丞著《江淮集》 南通市文联编印（内部）
汪灏等著《广群芳谱》 上海书店
戴凯之、范成大等著《梅兰竹菊谱》 中华书局
李衎著《竹谱详录》 山东画报出版社
黄俶成著《画仙春秋——李鱓传》 上海人民出版社
丁有煜著《个道人遗墨》 南通图书馆古籍部藏
丁有煜著《丁个老手写诗稿》 南通图书馆古籍部藏
丁有煜著《双薇园诗选》 南通图书馆古籍部藏
李方膺·顾于观著《李方膺梅仙图册》 天津人民美术出版社
萧统编《昭明文选》 上海古籍出版社
王肃著《孔子家语》 广西师范大学出版社
王逸注、洪承祖补注《楚辞章句补注》 吉林人民出版社
邱丰编著《画家李方膺》（内部）
黄裳著《笔祸史谈丛》 北京出版社
赵志毅编著《徐述夔诗案资料集》如东县图书馆（内部）
王冕著《竹斋集》 西泠印社
赵尔巽等著《清史稿》第294卷 中华书局
司马光著《资治通鉴》 中华书局
叶尚青整理《潘天寿论画笔录》 上海人民美术出版社